UFFICIO DELLE CELEBRAZIONI LITURGICHE
DEL SOMMO PONTEFICE

VIA CRUCIS
AL COLOSSEO

MEDITAZIONI E PREGHIERE
DEL CARDINALE JOSEPH RATZINGER

VENERDÌ SANTO 2005

PRESENTAZIONE

Il *leitmotiv* di questa Via crucis viene messo in luce all'inizio, nella preghiera iniziale, e poi di nuovo nella stazione XIV. È la parola pronunciata da Gesù la Domenica delle Palme con la quale — immediatamente dopo il suo ingresso a Gerusalemme — risponde alla domanda di alcuni greci che lo volevano vedere: « Se il chicco di grano caduto in terra non muore, rimane solo; se invece muore, produce molto frutto » (*Gv* 12, 24). Il Signore interpreta così tutto il suo percorso terreno come il percorso del chicco di grano che soltanto attraverso la morte arriva a produrre frutto. Egli interpreta la sua vita terrena, la sua morte e la sua risurrezione in direzione della santissima Eucaristia, nella quale è riassunto tutto il suo mistero. Siccome egli ha vissuto la sua morte come offerta di sé, come atto d'amore, il suo corpo è stato trasformato nella nuova vita della risurrezione. Per questo egli, il Verbo incarnato, è diventato ora il nostro nutrimento che porta alla vera vita, alla vita eterna. Il Verbo eterno — la forza creatrice della vita — è disceso dal cielo, diventando così la vera manna, il pane che si comunica all'uomo nella fede e nel sacramento. In questo modo la Via crucis diventa una via che conduce fin dentro il mistero eucaristico: la pietà popolare e la pietà sacramentale della Chiesa si legano e si fondono. La preghiera della Via crucis si può intendere come una via che porta alla comunione profonda, spirituale con Gesù, senza la quale la comunione sacramentale rimarrebbe vuota. La Via crucis appare come una via « mistagogica ».

A questa visione si contrappone una comprensione puramente sentimentale della Via crucis, del cui pericolo il Signore, nella stazione VIII, avverte le donne di Gerusalemme che piangono su di lui. Il semplice sentimento non basta; la Via crucis dovrebbe essere una scuola di fede, di quella fede che, per sua natura, « opera per mezzo della carità » (*Gal* 5, 6). Questo però non significa che debba essere escluso il sentimento. Per i Padri,

il primo vizio dei pagani è proprio la loro mancanza di cuore; per questo essi riprendono la visione di Ezechiele, il quale comunica al popolo d'Israele la promessa di Dio di togliere dal loro petto il cuore di pietra e di dare loro un cuore di carne (cfr. *Ez* 11, 19). La Via crucis ci mostra un Dio che condivide, egli stesso, le sofferenze degli uomini, il cui amore non rimane impassibile e distante, ma scende in mezzo a noi, fino alla morte sulla croce (cfr. *Fil* 2, 8). Il Dio che condivide le nostre sofferenze, il Dio fattosi uomo per portare la nostra croce, vuole trasformare il nostro cuore di pietra e chiamarci a condividere le sofferenze altrui, vuole darci un « cuore di carne » che non resti impassibile di fronte alle sofferenze altrui, ma si lasci toccare e ci conduca all'amore che risana e aiuta. Questo ci riporta alle parole di Gesù sul chicco di grano che egli stesso trasforma nella formula basilare dell'esistenza cristiana: « Chi ama la sua vita la perde e chi odia la sua vita in questo mondo la conserverà per la vita eterna » (*Gv* 12, 25; cfr. *Mt* 16, 25; *Mc* 8, 35; *Lc* 9, 24; 17, 33: « Chi cercherà di salvare la propria vita la perderà, chi invece la perde la salverà »). Con questo ci spiega anche quel che significa la frase che precede, nei Vangeli sinottici, questa parola centrale del suo messaggio: « Se qualcuno vuol venire dietro a me rinneghi se stesso, prenda la sua croce e mi segua » (*Mt* 16, 24). Con tutte queste parole egli stesso offre l'interpretazione della « Via crucis », ci insegna come dobbiamo pregarla e seguirla: la Via crucis è la via del perdere noi stessi, cioè la via dell'amore vero. Su questa via egli ci ha preceduto, questa è la via che ci vuole insegnare la preghiera della Via crucis. E questo ci riporta ancora al chicco di grano, alla santissima Eucaristia nella quale continuamente si rende presente in mezzo a noi il frutto della morte e della risurrezione di Gesù. In essa egli cammina con noi, come quella volta con i discepoli di Emmaus, facendosi sempre di nuovo nostro contemporaneo.

EINFÜHRUNG

Das Leitmotiv dieses Kreuzwegs erscheint zu Beginn, im Vorbereitungsgebet, und dann von neuem in der 14. Station. Es ist das Wort Jesu vom Palmsonntag, mit dem er — unmittelbar nach seinem Einzug in Jerusalem — auf die Bitte einiger Griechen antwortet, die Jesus sehen wollten: »Wenn das Weizenkorn nicht in die Erde fällt und stirbt, bleibt es allein; wenn es aber stirbt, bringt es reiche Frucht« (*Joh* 12, 24). Der Herr deutet damit seinen ganzen irdischen Weg als Weg des Weizenkorns, der nur durch den Tod hindurch zur Frucht führt. Er deutet sein irdisches Leben, sein Sterben und Auferstehen auf die heiligste Eucharistie hin, in der sein ganzes Geheimnis zusammengefaßt erscheint. Weil er seinen Tod als einen Akt der Hingabe, der Liebe vollzogen hat, darum ist sein Leib in das neue Leben der Auferstehung hinein verwandelt worden. Darum ist er, das fleischgewordene Wort, nun unsere Nahrung zum wirklichen, zum ewigen Leben hin. Das ewige Wort — die schöpferische Kraft des Lebens — ist vom Himmel herabgestiegen und so wirklich »Manna« geworden, Brot, das sich den Menschen in Glaube und Sakrament mitteilt. So wird Kreuzweg zu einem Weg ins eucharistische Geheimnis hinein: Die Volksfrömmigkeit und die sakramentale Frömmigkeit der Kirche verbinden sich und gehen ineinander. Das Beten des Kreuzwegs ist so verstanden als ein Weg in die innere, geistliche Kommunion mit Jesus hinein, ohne die die sakramentale Kommunion leer bliebe. Der Kreuzweg erscheint als »mystagogischer« Weg.

Diese Sicht steht einem bloß sentimentalen Verstehen des Kreuzwegs entgegen, deren Gefahr der Herr in der 8. Station den weinenden Frauen von Jerusalem entgegenhält. Bloßes Gefühl reicht nicht; der Kreuzweg soll eine Schule des Glaubens sein — jenes Glaubens, der seinem Wesen nach »in der Liebe wirksam« wird (*Gal* 5, 6). Aber das bedeutet doch keinen Ausschluß der Gefühle. Die Väter haben als ein Grundlaster

der Heiden ihre Fühllosigkeit angesehen; sie führen damit die Vision Ezechiels weiter, der dem Volk Israel die Verheißung Gottes weitergibt, daß er das Herz von Stein aus ihrer Brust nehmen und ihnen ein Herz von Fleisch geben werde (*Ez* 11, 19). Der Kreuzweg zeigt uns den Gott, der selbst mit den Menschen mit-leidet, dessen Liebe nicht in einer fernen Höhe unberührt bleibt, sondern heruntersteigt zu uns, bis in den Tod am Kreuz hinein (vgl. *Phil* 2, 8). Der mit-leidende Gott, der Mensch wurde, um unser Kreuz zu tragen, will unser steinernes Herz verwandeln und uns zum Mit-leiden rufen, uns das »Herz von Fleisch« geben, das nicht an der Not des anderen vorübergehen kann, sondern sich verwunden läßt und zur heilenden und helfenden Liebe führt. Damit kehren wir wieder zurück zu Jesu Wort vom Weizenkorn, das er selber in die Grundformel christlicher Existenz übersetzt, die so lautet: »Wer an seinem Leben hängt, verliert es; wer aber sein Leben in dieser Welt geringachtet, wird es bewahren ins ewige Leben« (*Joh* 12, 25; vgl. *Mt* 16, 25; *Mk* 8, 35; *Lk* 9, 24; 17, 33: »Wer sein Leben zu bewahren sucht, wird es verlieren; wer es dagegen verliert, wird es gewinnen«). Damit sagt er uns zugleich, was der Satz bedeutet, der in den synoptischen Evangelien diesem Zentralwort seiner Botschaft vorangeht: »Wer mein Jünger sein will, der verleugne sich selbst, nehme sein Kreuz auf sich und folge mir nach« (*Mt* 16, 24). In all diesen Worten zusammen deutet er uns selber, was »Kreuzweg« ist — wie wir ihn beten und gehen sollen: Der Kreuzweg ist der Weg des Sichverlierens, das heißt der Weg der wahren Liebe. Diesen Weg ist er uns vorangegangen, diesen Weg will uns der gebetete Kreuzweg lehren. Und damit sind wir wieder beim gestorbenen Weizenkorn — bei der heiligsten Eucharistie angelangt, in der immerfort die Frucht von Jesu Sterben und Auferstehen unter uns gegenwärtig wird. In ihr geht er mit uns wie einst mit den Jüngern von Emmaus und wird uns immerfort von neuem gleichzeitig.

VORBEREITUNGSGEBET

Im Namen des Vaters und des Sohnes und des Heiligen Geistes.

℟. Amen.

Herr Jesus Christus, du hast für uns das Geschick des Weizenkorns auf dich genommen, das in die Erde fällt und stirbt, um so reiche Frucht zu tragen (*Joh* 12, 24). Du lädst uns ein, dir nachzufolgen auf diesem Weg, wenn du uns sagst: »Wer an seinem Leben hängt, verliert es; wer aber sein Leben in dieser Welt geringachtet, wird es bewahren bis ins ewige Leben« (12, 25). Wir aber hängen an unserem Leben. Wir wollen es nicht weggeben, sondern ganz für uns selber haben. Wir wollen es besitzen, nicht hingeben. Du aber gehst uns voraus und zeigst uns, daß wir das Leben nur gewinnen, indem wir es geben. Im Mitgehen auf deinem Kreuzweg willst du uns auf den Weg des Weizenkorns mitnehmen, der der Weg zur Fruchtbarkeit ist, die in die Ewigkeit hineinreicht. Das Kreuz — das Geben unserer Selbst — lastet schwer auf uns. Aber du hast auf deinem Kreuzweg auch mein Kreuz getragen — nein, du hast es nicht irgendwann in der Vergangenheit getragen, denn deine Liebe ist meinem Leben gleichzeitig. Du trägst es heute mit mir und für mich, und wunderbarer Weise willst du, daß nun ich wie einst Simon von Zyrene auch meinerseits dein Kreuz mittrage und im Mitgehen mit dir in den Dienst der Erlösung der Welt trete. Hilf mir, daß mein Kreuzweg nicht bloß das fromme Gefühl eines Augenblicks sei. Hilf uns, nicht nur mit hohen Gedanken mit dir mitzugehen, sondern uns mit dem Herzen, ja mit den ganz praktischen Schritten unseres Alltags deinen Weg zu gehen. Hilf, daß wir im Kreuzweg uns mit unserem ganzen Sein auf den Weg machen und so immerfort auf deinem Weg bleiben. Nimm uns die Furcht vor dem

PREGHIERA INIZIALE

Nel nome del Padre e del Figlio e dello Spirito Santo.

℟. Amen.

Signore Gesù Cristo, per noi hai accettato la sorte del chicco di grano che cade in terra e muore per produrre molto frutto (*Gv* 12, 24). Ci inviti a seguirti su questa via quando dici: « Chi ama la sua vita la perde, e chi odia la sua vita in questo mondo la conserverà per la vita eterna » (*Gv* 12, 25). Noi, però, siamo attaccati alla nostra vita. Non vogliamo abbandonarla, ma tenerla tutta per noi stessi. Vogliamo possederla, non offrirla. Ma tu ci precedi e ci mostri che possiamo salvare la nostra vita soltanto donandola. Tramite il nostro accompagnarti sulla Via crucis vuoi condurci sulla via del chicco di grano, la via di una fecondità che giunge fino all'eternità. La croce — l'offerta di noi stessi — ci pesa molto. Ma sulla tua Via crucis tu hai portato anche la mia croce, e non l'hai portata in un qualche momento del passato, perché il tuo amore è contemporaneo alla mia vita. La porti oggi con me e per me, e, in modo mirabile, vuoi che adesso anch'io, come allora Simone di Cirene, porti con te la tua croce e, accompagnandoti, mi ponga con te a servizio della redenzione del mondo. Aiutami perché la mia Via crucis non sia appena il devoto sentimento di un attimo. Aiutaci ad accompagnarti non solo con nobili pensieri, ma a percorrere la tua via con il cuore, anzi, con i passi concreti della nostra vita quotidiana. Aiutaci perché ci incamminiamo con tutto noi stessi sulla via della croce, e rimaniamo per sempre sulla tua via. Liberaci dalla paura della croce, dalla paura di fronte all'altrui derisione, dalla paura che la nostra vita possa sfuggirci se non afferriamo tutto ciò che essa offre. Aiutaci a smascherare le tentazioni che promettono vita, ma le cui profferte, alla fine,

Kreuz, die Furcht vor dem Spott der anderen, die Furcht, wir könnten das eigene Leben verpassen, wenn wir nicht alles an uns reißen, was Leben verspricht. Hilf uns, die Verführungen zu durchschauen, die uns Leben verheißen, deren Geschenke uns am Ende aber nur leer und enttäuscht zurücklassen. Hilf uns, Leben nicht zu nehmen, sondern zu geben. Hilf uns, im Mitgehen auf dem Weg des Weizenkorns, im »Verlieren des Lebens« den Weg der Liebe zu finden — den Weg, der uns wahrhaft Leben, Leben in Fülle schenkt (*Joh* 10, 10).

ci lasciano soltanto vuoti e delusi. Aiutaci a non impadronirci della vita, ma a donarla. Aiutaci, accompagnandoti sulla via del chicco di grano, a trovare, nel «perdere la vita», la via dell'amore, la via che veramente ci dona vita, vita in abbondanza (*Gv* 10, 10).

PRIMA STAZIONE

Gesù è condannato a morte

ERSTE STATION

Jesus wird zum Tode verurteilt

℣. Adoramus te, Christe, et benedicimus tibi.

℟. Quia per sanctam crucem tuam redemisti mundum.

Aus dem heiligen Evangelium nach Matthäus. 27, 22-23.26

Pilatus sagte zu ihnen: Was soll ich dann mit Jesus tun, den man den Messias nennt? Da schrien sie alle: Ans Kreuz mit ihm! Er erwiderte: Was für ein Verbrechen hat er denn begangen? Da schrien sie noch lauter: Ans Kreuz mit ihm!
Darauf ließ er Barabbas frei und gab den Befehl, Jesus zu geißeln und zu kreuzigen.

BETRACHTUNG

Der Richter aller Welt, der einst wiederkommen wird, uns alle zu richten, steht zerschlagen und geschändet, ohnmächtig vor dem weltlichen Richter. Pilatus ist nicht durch und durch böse. Er weiß, daß dieser Angeklagte unschuldig ist; er sucht nach einem Weg, ihn freizubekommen. Aber Pilatus ist halbherzig. Seine eigene Stellung, sein Selbst ist ihm am Ende doch wichtiger als das Recht. Auch die Menschen, die laut schreien und den Tod Jesu fordern, sind nicht durch und durch böse. Viele von ihnen wird es am Pfingsttag »mitten ins Herz treffen« (Apg 2, 37), wenn Petrus ihnen sagen wird: »Jesus, den Gott vor euch beglaubigt hat... habt ihr durch die Hand von Gesetzlosen ans Kreuz geschlagen...« (Apg 2, 22f). Aber nun sind sie im Bann der Masse. Sie schreien, weil die anderen schreien und wie sie schreien. Und so wird Gerechtigkeit zertreten aus Feigheit und Trägheit des Herzens, aus Furcht vor dem Diktat der herrschenden Meinungen. Die leise Stimme des Gewissens wird übertönt vom Geschrei der Menge. Die Halbherzigkeit, die Menschenfurcht gibt dem Bösen die Macht.

℣. Adoramus te, Christe, et benedicimus tibi.

℟. Quia per sanctam crucem tuam redemisti mundum.

Dal Vangelo secondo Matteo. 27, 22-23.26

Disse loro Pilato: «Che farò dunque di Gesù chiamato il Cristo?». Tutti gli risposero: «Sia crocifisso!». Ed egli aggiunse: «Ma che male ha fatto?». Essi allora urlarono: «Sia crocifisso!».
Allora rilasciò loro Barabba e, dopo aver fatto flagellare Gesù, lo consegnò ai soldati perché fosse crocifisso.

MEDITAZIONE

Il Giudice del mondo, che un giorno ritornerà a giudicare tutti noi, sta lì, annientato, disonorato e inerme davanti al giudice terreno. Pilato non è un mostro di malvagità. Sa che questo condannato è innocente; cerca il modo di liberarlo. Ma il suo cuore è diviso. E alla fine fa prevalere sul diritto la sua posizione, se stesso. Anche gli uomini che urlano e chiedono la morte di Gesù non sono dei mostri di malvagità. Molti di loro, il giorno di Pentecoste, si sentiranno «trafiggere il cuore» (*At* 2, 37), quando Pietro dirà loro: «Gesù di Nazareth — uomo accreditato da Dio presso di voi — ... voi l'avete inchiodato sulla croce per mano di empi...» (*At* 2, 22s). Ma in quel momento subiscono l'influenza della folla. Urlano perché urlano gli altri e come urlano gli altri. E così, la giustizia viene calpestata per vigliaccheria, per pusillanimità, per paura del *diktat* della mentalità dominante. La sottile voce della coscienza viene soffocata dalle urla della folla. L'indecisione, il rispetto umano conferiscono forza al male.

GEBET

Herr, du bist zum Tod verurteilt worden, weil Menschenfurcht die Stimme des Gewissens erstickte. Die ganze Geschichte hindurch werden so immer wieder die Unschuldigen geschlagen, verurteilt und getötet. Wie oft haben wir selbst den Erfolg der Wahrheit, unser Ansehen der Gerechtigkeit vorgezogen. Gib der leisen Stimme des Gewissens, deiner Stimme, Macht in unserem Leben. Schau mich an, wie du Petrus nach der Verleugnung angesehen hast. Laß deinen Blick in unsere Seele dringen und unserem Leben die Richtung geben. Denen, die am Karfreitag gegen dich geschrieen hatten, hast du an Pfingsten die Erschütterung des Herzens und die Bekehrung geschenkt. So hast du uns allen Hoffnung gegeben. Schenke auch uns immer neu die Gnade der Bekehrung.

✠

Alle:

Pater noster, qui es in cælis:
sanctificetur nomen tuum;
adveniat regnum tuum;
fiat voluntas tua, sicut in cælo, et in terra.
Panem nostrum cotidianum da nobis hodie;
et dimitte nobis debita nostra,
sicut et nos dimittimus debitoribus nostris;
et ne nos inducas in tentationem;
sed libera nos a malo.

Stabat mater dolorosa
iuxta crucem lacrimosa,
dum pendebat Filius.

PREGHIERA

Signore, sei stato condannato a morte perché la paura dello sguardo altrui ha soffocato la voce della coscienza. Accade sempre così, lungo tutta la storia, che degli innocenti vengano maltrattati, condannati e uccisi. Quante volte abbiamo, anche noi, preferito il successo alla verità, la nostra reputazione alla giustizia. Dona forza, nella nostra vita, alla sottile voce della coscienza, alla tua voce. Guardami come hai guardato Pietro dopo il rinnegamento. Fa' che il tuo sguardo penetri nelle nostre anime e indichi la direzione alla nostra vita. A coloro che il Venerdì santo hanno urlato contro di te, il giorno di Pentecoste hai donato la commozione del cuore e la conversione. E così hai dato speranza a tutti noi. Dona anche a noi, sempre di nuovo, la grazia della conversione.

✠

Tutti:

Pater noster, qui es in cælis:
sanctificetur nomen tuum;
adveniat regnum tuum;
fiat voluntas tua, sicut in cælo, et in terra.
Panem nostrum cotidianum da nobis hodie;
et dimitte nobis debita nostra,
sicut et nos dimittimus debitoribus nostris;
et ne nos inducas in tentationem;
sed libera nos a malo.

Stabat mater dolorosa
iuxta crucem lacrimosa,
dum pendebat Filius.

SECONDA STAZIONE

Gesù è caricato della Croce

ZWEITE STATION

Jesus nimmt das Kreuz auf sich

℣. Adoramus te, Christe, et benedicimus tibi.

℟. Quia per sanctam crucem tuam redemisti mundum.

Aus dem heiligen Evangelium nach Matthäus. 27, 27-31

Da nahmen die Soldaten des Statthalters Jesus, führten ihn in das Prätorium, das Amtsgebäude des Statthalters, und versammelten die ganze Kohorte um ihn. Sie zogen ihn aus und legten ihm einen purpurroten Mantel um. Dann flochten sie einen Kranz aus Dornen; den setzten sie ihm auf und gaben ihm einen Stock in die rechte Hand. Sie fielen vor ihm auf die Knie und verhöhnten ihn, indem sie riefen: Heil dir, König der Juden! Und sie spuckten ihn an, nahmen ihm den Stock wieder weg und schlugen ihm damit auf den Kopf. Nachdem sie so ihren Spott mit ihm getrieben hatten, nahmen sie ihm den Mantel ab und zogen ihm seine eigenen Kleider wieder an.

BETRACHTUNG

Der als Pseudokönig verurteilte Jesus wird verspottet, aber im Spott kommt auf grausame Weise Wahrheit zum Vorschein. Wie oft sind Insignien der Macht, die die Mächtigen der Welt tragen, Hohn auf die Wahrheit, auf die Gerechtigkeit, auf die Menschenwürde. Wie oft sind ihre Rituale und ihre großen Worte in Wahrheit nichts als pompöse Lügen, Karikaturen des Auftrags, den ihnen ihr Amt gibt: Im Dienst des Guten zu stehen. Jesus, der Verspottete, der die Krone des Leidens trägt, ist gerade so der wahre König. Sein Zepter ist Gerechtigkeit (vgl. *Ps* 45, 7). Gerechtigkeit kostet Leiden in dieser Welt: Er, der wahre König, herrscht nicht durch Gewalt, sondern durch die Liebe, die für uns und mit uns leidet. Er nimmt das Kreuz auf sich — unser Kreuz, die Last des Menschseins, die Last der Welt. So geht er uns voran und zeigt uns, wie wir den Weg zum wirklichen Leben finden.

℣. Adoramus te, Christe, et benedicimus tibi.

℟. Quia per sanctam crucem tuam redemisti mundum.

Dal Vangelo secondo Matteo. 27, 27-31

Allora i soldati del governatore condussero Gesù nel pretorio e gli radunarono attorno tutta la coorte. Spogliatolo, gli misero addosso un manto scarlatto e, intrecciata una corona di spine, gliela posero sul capo, con una canna nella destra; poi mentre gli si inginocchiavano davanti, lo schernivano: «Salve, re dei Giudei!». E sputandogli addosso, gli tolsero di mano la canna e lo percuotevano sul capo. Dopo averlo così schernito, lo spogliarono del mantello, gli fecero indossare i suoi vestiti e lo portarono via per crocifiggerlo.

MEDITAZIONE

Gesù, condannato come sedicente re, viene deriso, ma proprio nella derisione emerge crudelmente la verità. Quante volte le insegne del potere portate dai potenti di questo mondo sono un insulto alla verità, alla giustizia e alla dignità dell'uomo! Quante volte i loro rituali e le loro grandi parole, in verità, non sono altro che pompose menzogne, una caricatura del compito a cui sono tenuti per il loro ufficio, quello di mettersi a servizio del bene. Gesù, colui che viene deriso e che porta la corona della sofferenza, è proprio per questo il vero re. Il suo scettro è giustizia (cfr. *Sal* 45, 7). Il prezzo della giustizia è sofferenza in questo mondo: lui, il vero re, non regna tramite la violenza, ma tramite l'amore che soffre per noi e con noi. Egli porta la croce su di sé, la nostra croce, il peso dell'essere uomini, il peso del mondo. È così che egli ci precede e ci mostra come trovare la via per la vita vera.

GEBET

Herr, du hast dich verspotten und beschimpfen lassen. Hilf uns, daß wir nie in den Spott auf die Leidenden und die Schwachen einstimmen. Hilf uns, in den Erniedrigten, in den an den Rand Gestoßenen, dein Gesicht zu erkennen. Hilf uns, nicht vor dem Spott der Welt zurückzuschrecken, wenn der Gehorsam gegen deinen Willen verächtlich gemacht wird. Du hast das Kreuz getragen und uns eingeladen, dir auf diesem Weg nachzufolgen (*Mt* 10, 38). Hilf uns, das Kreuz anzunehmen, nicht in die Betäubungen zu flüchten, nicht zu murren und nicht finsteren Herzens zu werden ob der Mühsal unseres Lebens. Hilf uns, den Weg der Liebe zu gehen — im Erleiden ihres Anspruchs zur wahren Freude zu kommen.

✠

Alle:

Pater noster, qui es in cælis:
sanctificetur nomen tuum;
adveniat regnum tuum;
fiat voluntas tua, sicut in cælo, et in terra.
Panem nostrum cotidianum da nobis hodie;
et dimitte nobis debita nostra,
sicut et nos dimittimus debitoribus nostris;
et ne nos inducas in tentationem;
sed libera nos a malo.

Cuius animam gementem,
contristatam et dolentem
pertransivit gladius.

PREGHIERA

Signore, ti sei lasciato deridere e oltraggiare. Aiutaci a non unirci a coloro che deridono chi soffre e chi è debole. Aiutaci a riconoscere in coloro che sono umiliati ed emarginati il tuo volto. Aiutaci a non scoraggiarci davanti alle beffe del mondo quando l'obbedienza alla tua volontà viene messa in ridicolo. Tu hai portato la croce e ci hai invitato a seguirti su questa via (*Mt* 10, 38). Aiutaci ad accettare la croce, a non sfuggirla, a non lamentarci e a non lasciare che i nostri cuori si abbattano di fronte alle fatiche della vita. Aiutaci a percorrere la via dell'amore e, obbedendo alle sue esigenze, a raggiungere la vera gioia.

✠

Tutti:

Pater noster, qui es in cælis:
sanctificetur nomen tuum;
adveniat regnum tuum;
fiat voluntas tua, sicut in cælo, et in terra.
Panem nostrum cotidianum da nobis hodie;
et dimitte nobis debita nostra,
sicut et nos dimittimus debitoribus nostris;
et ne nos inducas in tentationem;
sed libera nos a malo.

Cuius animam gementem,
contristatam et dolentem
pertransivit gladius.

TERZA STAZIONE

Gesù cade la prima volta

DRITTE STATION

Jesus fällt zum ersten Male unter dem Kreuz

℣. Adoramus te, Christe, et benedicimus tibi.

℟. Quia per sanctam crucem tuam redemisti mundum.

Aus dem Buch des Propheten Jesaja. 53, 4-6

Aber er hat unsere Krankheit getragen und unsere Schmerzen auf sich geladen. Wir meinten, er sei von Gott geschlagen, von ihm getroffen und gebeugt. Doch er wurde durchbohrt wegen unserer Verbrechen, wegen unserer Sünden zermalmt. Zu unserem Heil lag die Strafe auf ihm, durch seine Wunden sind wir geheilt. Wir hatten uns alle verirrt wie Schafe, jeder ging für sich seinen Weg. Doch der Herr lud auf ihn die Schuld von uns allen.

BETRACHTUNG

Der Mensch ist gefallen und fällt immer wieder: Wie oft wird der Mensch zur Karikatur seiner selbst, nicht mehr Bild Gottes, sondern Spottbild auf den Schöpfer. Der Mann, der auf dem Weg von Jerusalem nach Jericho unter die Räuber fiel und ausgeraubt, halbtot, blutend am Straßenrand liegt — ist er nicht ein Bild des Menschen überhaupt? Der Fall Jesu unter dem Kreuz ist nicht nur das Hinfallen des schon durch die Geißelung zu Tode erschöpften Menschen Jesus. In diesem Fall bildet sich doch Tieferes ab, wie es Paulus im Brief an die Philipper geschildert hat: »Er war Gott gleich, hielt aber nicht daran fest, wie Gott zu sein, sondern entäußerte sich und wurde wie ein Sklave und den Menschen gleich... Er erniedrigte sich und war gehorsam bis zum Tod, bis zum Tod am Kreuz« (*Phil* 2, 6-8). Im Fallen Jesu unter der Last des Kreuzes erscheint sein ganzer Weg: sein freiwilliger Abstieg, um uns von unserem Stolz aufzuheben. Und zugleich erscheint das Wesen unseres Stolzes: der Hochmut, daß wir uns von Gott emanzipieren und nur noch wir selber sein wollen, der Hochmut, daß wir der ewigen Liebe nicht zu bedürfen glauben, sondern selber

℣. Adoramus te, Christe, et benedicimus tibi.

℟. Quia per sanctam crucem tuam redemisti mundum.

Dal libro del profeta Isaia. 53, 4-6

Eppure egli si è caricato delle nostre sofferenze, si è addossato i nostri dolori e noi lo giudicavamo castigato, percosso da Dio e umiliato. Egli è stato trafitto per i nostri delitti, schiacciato per le nostre iniquità. Il castigo che ci dà salvezza si è abbattuto su di lui; per le sue piaghe noi siamo stati guariti. Noi tutti eravamo sperduti come un gregge, ognuno di noi seguiva la sua strada; il Signore fece ricadere su di lui l'iniquità di noi tutti.

MEDITAZIONE

L'uomo è caduto e cade sempre di nuovo: quante volte egli diventa la caricatura di se stesso, non più immagine di Dio, ma qualcosa che mette in ridicolo il Creatore. Colui che, scendendo da Gerusalemme a Gerico, incappò nei briganti che lo spogliarono lasciandolo mezzo morto, sanguinante al bordo della strada, non è forse l'immagine per eccellenza dell'uomo? La caduta di Gesù sotto la croce non è soltanto la caduta dell'uomo Gesù già sfinito dalla flagellazione. Qui emerge qualcosa di più profondo, come Paolo dice nella lettera ai Filippesi: «Pur essendo di natura divina, non considerò un tesoro geloso la sua uguaglianza con Dio, ma spogliò se stesso, assumendo la condizione di servo e divenendo simile agli uomini... umiliò se stesso facendosi obbediente fino alla morte e alla morte di croce» (*Fil* 2, 6-8). Nella caduta di Gesù sotto il peso della croce appare l'intero suo percorso: il suo volontario abbassamento per sollevarci dal nostro orgoglio. E nello stesso tempo emerge la natura del nostro orgoglio: la superbia con cui vogliamo emanciparci da Dio non essendo nient'altro che noi stessi, con cui crediamo di non aver bisogno dell'amore eterno,

unser Leben einrichten möchten. In diesem Aufstand gegen die Wahrheit, in diesem Versuch, uns selber Gott und unser eigener Schöpfer und Richter zu sein, stürzen wir ab und fallen in die Selbstzerstörung hinunter. Jesu Abstieg ist die Überwindung unseres Hochmuts, und mit seinem Abstieg hebt er uns auf: Lassen wir uns aufheben. Streifen wir unsere Selbstherrlichkeit, unseren falschen Autonomiewahn ab und lernen von ihm, dem Abgestiegenen, daß wir absteigend uns zu Gott und zu den getretenen Brüdern wendend unsere wahre Größe finden.

GEBET

Herr Jesus, die Last des Kreuzes hat dich zu Boden geworfen. Die Last unserer Sünde, die Last unseres Hochmuts drückt dich nieder. Aber dein Fall ist nicht dunkles Schicksal, ist nicht bloße Schwachheit des Geschlagenen. Du wolltest zu uns kommen, die wir mit unserem Hochmut am Boden liegen. Der Hochmut, daß wir selber Menschen machen können, hat uns dazu geführt, daß Menschen wie Ware geworden sind, daß sie gekauft und verkauft werden, daß sie Vorratslager für unser Machen sind, mit dem wir selber den Tod zu überwinden hoffen, dabei aber nur immer tiefer die Würde des Menschen erniedrigen. Herr, komm unserm Fall zu Hilfe. Hilf uns, daß wir von unserem zerstörerischen Hochmut ablassen und durch das Lernen von deiner Demut wieder aufgerichtet werden.

ma vogliamo dar forma alla nostra vita da soli. In questa ribellione contro la verità, in questo tentativo di essere noi stessi dio, di essere creatori e giudici di noi stessi, precipitiamo e finiamo per autodistruggerci. L'abbassamento di Gesù è il superamento della nostra superbia: con il suo abbassamento ci fa rialzare. Lasciamo che ci rialzi. Spogliamoci della nostra autosufficienza, della nostra errata smania di autonomia e impariamo invece da lui, da colui che si è abbassato, a trovare la nostra vera grandezza, abbassandoci e volgendoci a Dio e ai fratelli calpestati.

PREGHIERA

Signore Gesù, il peso della croce ti ha fatto cadere per terra. Il peso del nostro peccato, il peso della nostra superbia ti atterra. Ma la tua caduta non è segno di un destino avverso, non è la pura e semplice debolezza di chi è calpestato. Sei voluto venire incontro a noi che, per la nostra superbia, giacciamo per terra. La superbia di pensare che siamo in grado di produrre l'uomo ha fatto sì che gli uomini siano diventati una sorta di merce, che vengano comprati e venduti, che siano come un serbatoio di materiale per i nostri esperimenti, con i quali speriamo di superare da noi stessi la morte, mentre, in verità, non facciamo altro che umiliare sempre più profondamente la dignità dell'uomo. Signore, aiutaci perché siamo caduti. Aiutaci ad abbandonare la nostra superbia distruttiva e, imparando dalla tua umiltà, a essere rialzati di nuovo.

✠

Alle:

Pater noster, qui es in cælis:
sanctificetur nomen tuum;
adveniat regnum tuum;
fiat voluntas tua, sicut in cælo, et in terra.
Panem nostrum cotidianum da nobis hodie;
et dimitte nobis debita nostra,
sicut et nos dimittimus debitoribus nostris;
et ne nos inducas in tentationem;
sed libera nos a malo.

O quam tristis et afflicta
fuit illa benedicta
mater Unigeniti!

✠

Tutti:

Pater noster, qui es in cælis:
sanctificetur nomen tuum;
adveniat regnum tuum;
fiat voluntas tua, sicut in cælo, et in terra.
Panem nostrum cotidianum da nobis hodie;
et dimitte nobis debita nostra,
sicut et nos dimittimus debitoribus nostris;
et ne nos inducas in tentationem;
sed libera nos a malo.

O quam tristis et afflicta
fuit illa benedicta
mater Unigeniti!

QUARTA STAZIONE

Gesù incontra sua Madre

VIERTE STATION

Jesus begegnet seiner betrübten Mutter

℣. Adoramus te, Christe, et benedicimus tibi.

℟. Quia per sanctam crucem tuam redemisti mundum.

Aus dem heiligen Evangelium nach Lukas. 2, 34-35.51

Simeon sagte zu Maria, der Mutter Jesu: Dieser ist dazu bestimmt, daß in Israel viele durch ihn zu Fall kommen und viele aufgerichtet werden, und er wird ein Zeichen sein, dem widersprochen wird. Dadurch sollen die Gedanken vieler Menschen offenbar werden. Dir selbst aber wird ein Schwert durch die Seele dringen.
Seine Mutter bewahrte alles, was geschehen war, in ihrem Herzen.

BETRACHTUNG

Am Kreuzweg Jesu steht Maria, seine Mutter. Während des öffentlichen Lebens hatte sie zurücktreten müssen, um dem Werden der neuen Familie Jesu, der Familie seiner Jünger, Raum zu geben. Sie hatte die Worte hören müssen: »Wer ist meine Mutter und wer sind meine Brüder?... Wer den Willen meines himmlischen Vaters erfüllt, der ist für mich Bruder und Schwester und Mutter« (*Mt* 12, 48-50). Nun zeigt sich, daß sie nicht nur dem Leibe nach, sondern dem Herzen nach Mutter Jesu ist. Noch ehe sie ihn im Leibe empfing, hatte sie ihn durch ihren Gehorsam im Herzen empfangen. Ihr war gesagt worden: »Du wirst ein Kind empfangen, einen Sohn wirst du gebären... Er wird groß sein... Gott der Herr wird ihm den Thron seines Vaters David geben« (*Lk* 1, 31f). Aber sie hatte wenig später aus dem Mund des greisen Simeon auch das andere Wort gehört: »Dir wird ein Schwert durch die Seele dringen« (*Lk* 2, 35). Und dabei mögen ihr Worte aus den Propheten ins Bewußtsein getreten sein wie dieses: »Er wurde mißhandelt und niedergetreten... Wie ein Lamm, das man zum Schlachten führt..., so tat auch er seinen Mund nicht auf« (*Jes* 53, 7). Nun war dies alles da. In ihrem Herzen wird sie immer wieder auf das Wort gelauscht haben, das ihr der Engel ganz am

℣. Adoramus te, Christe, et benedicimus tibi.

℟. Quia per sanctam crucem tuam redemisti mundum.

Dal Vangelo secondo Luca. 2, 34-35.51

Simeone parlò a Maria, sua Madre: «Egli è qui per la rovina e la risurrezione di molti in Israele, segno di contraddizione perché siano svelati i pensieri di molti cuori. E anche a te una spada trafiggerà l'anima».
Sua Madre serbava tutte queste cose nel suo cuore.

MEDITAZIONE

Sulla Via crucis di Gesù c'è anche Maria, sua Madre. Durante la sua vita pubblica dovette farsi da parte, per lasciare spazio alla nascita della nuova famiglia di Gesù, la famiglia dei suoi discepoli. Dovette anche sentire queste parole: «Chi è mia madre e chi sono i miei fratelli?... Chiunque fa la volontà del Padre mio che è nei cieli, questi è per me fratello, sorella e madre» (*Mt* 12, 48-50). Adesso si vede che ella, non soltanto nel corpo, ma nel cuore, è la Madre di Gesù. Ancora prima di averlo concepito nel corpo, grazie alla sua obbedienza, lo aveva concepito nel cuore. Le fu detto: «Ecco concepirai un figlio... Sarà grande... il Signore Dio gli darà il trono di Davide suo padre» (*Lc* 1, 31s). Ma poco dopo aveva sentito dalla bocca del vecchio Simeone un'altra parola: «E anche a te una spada trafiggerà l'anima» (*Lc* 2, 35). Così si sarà ricordata delle parole pronunciate dai profeti, parole come queste: «Maltrattato, si lasciò umiliare e non aprì la sua bocca; era come agnello condotto al macello» (*Is* 53, 7). Ora tutto questo diventa realtà. Nel suo cuore avrà sempre custodito la parola che l'angelo le aveva detto quando tutto cominciò: «Non temere, Maria» (*Lc* 1, 30). I discepoli sono fuggiti, ella non fugge. Ella sta lì, con il coraggio della madre, con la fedeltà della madre, con la bontà della

Anfang gesagt hatte: »Fürchte dich nicht, Maria« (*Lk* 1, 30). Die Jünger sind geflohen, sie flüchtet nicht. Sie steht da mit dem Mut der Mutter, mit der Treue der Mutter, mit der Güte der Mutter und mit ihrem Glauben, der in den Finsternissen widersteht: »Selig, die du geglaubt hast« (*Lk* 1, 45). »Wird der Menschensohn, wenn er kommt, auf der Erde Glauben vorfinden?« (*Lk* 18, 8). Ja, in diesem Augenblick weiß er es: Er findet Glauben. Das ist in dieser Stunde sein großer Trost.

GEBET

Heilige Maria, Mutter des Herrn, du bist treu geblieben, als die Jünger flohen. Wie du geglaubt hast, als der Engel dir das Unglaubliche verkündigte, Mutter des Allerhöchsten zu werden, so hast du geglaubt in der Stunde seiner tiefsten Erniedrigung. So bist du in der Stunde des Kreuzes, in der Stunde der dunkelsten Weltennacht Mutter der Glaubenden, Mutter der Kirche geworden. Wir bitten dich: Lehre uns glauben und hilf uns, daß der Glaube zum Mut des Dienens und zur Tat der helfenden und mit-leidenden Liebe werde.

✠

Alle:

Pater noster, qui es in cælis:
sanctificetur nomen tuum;
adveniat regnum tuum;
fiat voluntas tua, sicut in cælo, et in terra.
Panem nostrum cotidianum da nobis hodie;
et dimitte nobis debita nostra,
sicut et nos dimittimus debitoribus nostris;
et ne nos inducas in tentationem;
sed libera nos a malo.

Quæ mærebat et dolebat
pia mater, cum videbat
Nati pœnas incliti.

madre, e con la sua fede, che resiste nell'oscurità: «E beata colei che ha creduto» (*Lc* 1, 45). «Ma il Figlio dell'uomo, quando verrà, troverà la fede sulla terra?» (*Lc* 18, 8). Sì, in questo momento egli lo sa: troverà la fede. Questa, in quell'ora, è la sua grande consolazione.

PREGHIERA

Santa Maria, Madre del Signore, sei rimasta fedele quando i discepoli sono fuggiti. Come hai creduto quando l'angelo ti annunciò ciò che era incredibile — che saresti divenuta madre dell'Altissimo — così hai creduto nell'ora della sua più grande umiliazione. È così che, nell'ora della croce, nell'ora della notte più buia del mondo, sei diventata Madre dei credenti, Madre della Chiesa. Ti preghiamo: insegnaci a credere e aiutaci affinché la fede diventi coraggio di servire e gesto di un amore che soccorre e sa condividere la sofferenza.

✠

Tutti:

Pater noster, qui es in cælis:
sanctificetur nomen tuum;
adveniat regnum tuum;
fiat voluntas tua, sicut in cælo, et in terra.
Panem nostrum cotidianum da nobis hodie;
et dimitte nobis debita nostra,
sicut et nos dimittimus debitoribus nostris;
et ne nos inducas in tentationem;
sed libera nos a malo.

Quæ mærebat et dolebat
pia mater, cum videbat
Nati pœnas incliti.

QUINTA STAZIONE

Gesù è aiutato dal Cireneo a portare la Croce

FÜNFTE STATION

Simon von Zyrene hilft Jesus das Kreuz tragen

℣. Adoramus te, Christe, et benedicimus tibi.

℟. Quia per sanctam crucem tuam redemisti mundum.

Aus dem heiligen Evangelium nach Matthäus. 27, 32; 16, 24

Auf dem Weg trafen sie einen Mann aus Zyrene namens Simon; ihn zwangen sie, Jesus das Kreuz zu tragen.
Darauf sagte Jesus zu seinen Jüngern: Wer mein Jünger sein will, der verleugne sich selbst, nehme sein Kreuz auf sich und folge mir nach.

BETRACHTUNG

Simon von Zyrene hat seine Arbeit getan, er ist auf dem Weg nach Hause und begegnet dem traurigen Zug der Verurteilten — für ihn wohl ein gewohnter Anblick. Die Soldaten machen von ihrem Recht der Zwangsverpflichtung Gebrauch und legen dem rüstigen Landmann das Kreuz auf. Welcher Widerspruch muß sich in ihm geregt haben, daß er plötzlich mit in das Schicksal von Verurteilten verwickelt wurde! Er tut, was er muß, widerstrebend gewiß. Aber Markus nennt mit ihm die Namen seiner Söhne, die den Lesern offensichtlich als Christen und Mitglieder ihrer Gemeinschaft bekannt waren (*Mk* 15, 21). Aus der unfreiwilligen Begegnung ist Glaube geworden. Der Zyrenäer hat im Mitgehen und Mittragen erkannt, daß es Gnade war, mit diesem Gekreuzigten zu gehen und ihm beizustehen. Das Geheimnis des leidenden und schweigenden Jesus hat ihn ins Herz getroffen. Jesus, dessen göttliche Liebe allein die ganze Menschheit erlösen konnte und kann, will doch, daß wir sein Kreuz mittragen, um voll zu machen, was an seinen Leiden noch fehlt (*Kol* 1, 24). Sooft wir einem Leidenden, einem Verfolgten und Ohnmächtigen in Güte begegnen und ihm sein Leid zu tragen helfen, sooft tragen wir Jesu eigenes Kreuz mit. So empfangen wir Heil und dürfen selbst zum Heil der Welt beitragen.

℣. Adoramus te, Christe, et benedicimus tibi.

℟. Quia per sanctam crucem tuam redemisti mundum.

Dal Vangelo secondo Matteo. 27, 32; 16, 24

Mentre uscivano, incontrarono un uomo di Cirene, chiamato Simone, e lo costrinsero a prender su la croce di Gesù.
Gesù disse ai suoi discepoli: «Se qualcuno vuol venire dietro a me rinneghi se stesso, prenda la sua croce e mi segua».

MEDITAZIONE

Simone di Cirene torna dal lavoro, è sulla strada di casa quando s'imbatte in quel triste corteo di condannati — per lui, forse, uno spettacolo abituale. I soldati usano del loro diritto di coercizione e mettono la croce addosso a lui, robusto uomo di campagna. Quale fastidio deve aver provato nel trovarsi improvvisamente coinvolto nel destino di quei condannati! Fa quello che deve fare, certo con molta riluttanza. L'evangelista Marco però, assieme a lui, nomina anche i suoi figli, che evidentemente erano conosciuti come cristiani, come membri di quella comunità (*Mc* 15, 21). Dall'incontro involontario è scaturita la fede. Accompagnando Gesù e condividendo il peso della croce, il Cireneo ha capito che era una grazia poter camminare assieme a questo Crocifisso e assisterlo. Il mistero di Gesù sofferente e muto gli ha toccato il cuore. Gesù, il cui amore divino solo poteva e può redimere l'umanità intera, vuole che condividiamo la sua croce per completare quello che ancora manca ai suoi patimenti (*Col* 1, 24). Ogni volta che con bontà ci facciamo incontro a qualcuno che soffre, qualcuno che è perseguitato e inerme, condividendo la sua sofferenza, aiutiamo a portare la croce stessa di Gesù. E così otteniamo salvezza e noi stessi possiamo contribuire alla salvezza del mondo.

GEBET

Herr, du hast Simon von Zyrene die Augen und das Herz geöffnet, ihm im Mittragen des Kreuzes die Gnade des Glaubens geschenkt. Hilf uns, dem leidenden Nächsten beizustehen, auch wenn der Ruf dazu unseren Plänen und Sympathien widerspricht. Schenke uns zu erkennen, daß es Gnade ist, das Kreuz der anderen mittragen zu dürfen und zu erfahren, daß wir dabei mit dir selbst auf dem Wege sind. Gib uns, froh zu werden, daß wir im Mitleiden mit dir und mit den Nöten dieser Welt Diener des Heils werden, helfen dürfen im Aufbau deines Leibes, der Kirche.

✠

Alle:

Pater noster, qui es in cælis:
sanctificetur nomen tuum;
adveniat regnum tuum;
fiat voluntas tua, sicut in cælo, et in terra.
Panem nostrum cotidianum da nobis hodie;
et dimitte nobis debita nostra,
sicut et nos dimittimus debitoribus nostris;
et ne nos inducas in tentationem;
sed libera nos a malo.

Quis est homo qui non fleret,
matrem Christi si videret
in tanto supplicio?

PREGHIERA

Signore, a Simone di Cirene hai aperto gli occhi e il cuore, donandogli, nella condivisione della croce, la grazia della fede. Aiutaci ad assistere il nostro prossimo che soffre, anche se questa chiamata dovesse essere in contraddizione con i nostri progetti e le nostre simpatie. Donaci di riconoscere che è una grazia poter condividere la croce degli altri e sperimentare che così siamo in cammino con te. Donaci di riconoscere con gioia che proprio nel condividere la tua sofferenza e le sofferenze di questo mondo diveniamo servitori della salvezza, e che così possiamo aiutare a costruire il tuo corpo, la Chiesa.

✠

Tutti:

Pater noster, qui es in cælis:
sanctificetur nomen tuum;
adveniat regnum tuum;
fiat voluntas tua, sicut in cælo, et in terra.
Panem nostrum cotidianum da nobis hodie;
et dimitte nobis debita nostra,
sicut et nos dimittimus debitoribus nostris;
et ne nos inducas in tentationem;
sed libera nos a malo.

Quis est homo qui non fleret,
matrem Christi si videret
in tanto supplicio?

SESTA STAZIONE

La Veronica asciuga il volto di Gesù

SECHSTE STATION

Jesus nimmt von Veronika das Schweißtuch

℣. Adoramus te, Christe, et benedicimus tibi.

℟. Quia per sanctam crucem tuam redemisti mundum.

Aus dem Buch des Propheten Jesaja. 53, 2-3

Er hatte keine schöne und edle Gestalt, so daß wir ihn anschauen mochten. Er sah nicht so aus, daß wir Gefallen fanden an ihm. Er wurde verachtet und von den Menschen gemieden, ein Mann voller Schmerzen, mit Krankheit vertraut. Wie einer, vor dem man das Gesicht verhüllt, war er verachtet; wir schätzten ihn nicht.

Aus dem Buch der Psalmen. 27, 8-9

Mein Herz denkt an dein Wort: Sucht mein Angesicht! Dein Angesicht, Herr, will ich suchen. Verbirg nicht dein Gesicht vor mir; weise deinen Knecht im Zorn nicht ab! Du wurdest meine Hilfe. Verstoß mich nicht, verlaß mich nicht, du Gott meines Heiles!

BETRACHTUNG

»Dein Angesicht, Herr, suche ich. Verbirg nicht dein Gesicht vor mir« (*Ps* 27, 8-9). Veronika — Berenike nach der griechischen Tradition — verkörpert diese Sehnsucht aller alttestamentlichen Frommen — die Sehnsucht aller glaubenden Menschen, das Antlitz Gottes zu sehen. Am Kreuzweg Jesu tut sie freilich zunächst nur einfach einen Dienst fraulicher Güte: Sie reicht Jesus ein Schweißtuch. Sie läßt sich von der Brutalität der Soldaten nicht anstecken, von der Angst der Jünger nicht lähmen. Sie ist das Bild der gütigen Frau, die in der Verstörung und Verfinsterung der Herzen den Mut der Güte behält, ihr Herz nicht verfinstern läßt. »Selig, die reinen Herzens sind, denn sie werden Gott schauen«, hatte der Herr in der Bergpredigt gesagt (*Mt* 5, 8). Veronika sieht zunächst nur ein geschundenes, vom Schmerz gezeichnetes Menschenge-

℣. Adoramus te, Christe, et benedicimus tibi.

℟. Quia per sanctam crucem tuam redemisti mundum.

Dal libro del profeta Isaia. 53, 2-3

Non ha apparenza né bellezza per attirare i nostri sguardi, non splendore per potercene compiacere. Disprezzato e reietto dagli uomini, uomo dei dolori che ben conosce il patire, come uno davanti al quale ci si copre la faccia, era disprezzato e non ne avevamo alcuna stima.

Dal libro dei Salmi. 27, 8-9

Di te ha detto il mio cuore: «Cercate il suo volto»; il tuo volto, Signore, io cerco. Non nascondermi il tuo volto, non respingere con ira il tuo servo. Sei tu il mio aiuto, non lasciarmi, non abbandonarmi, Dio della mia salvezza.

MEDITAZIONE

«Il tuo volto, Signore, io cerco. Non nascondermi il tuo volto» (*Sal* 27, 8-9). Veronica — Berenice, secondo la tradizione greca — incarna questo anelito che accomuna tutti gli uomini pii dell'Antico Testamento, l'anelito di tutti gli uomini credenti a vedere il volto di Dio. Sulla Via crucis di Gesù, comunque, ella, all'inizio, non rende altro che un servizio di bontà femminile: offre un sudario a Gesù. Non si fa né contagiare dalla brutalità dei soldati, né immobilizzare dalla paura dei discepoli. È l'immagine della donna buona, che, nel turbamento e nell'oscurità dei cuori, mantiene il coraggio della bontà, non permette che il suo cuore si ottenebri. «Beati i puri di cuore, perché vedranno Dio» (*Mt* 5, 8). All'inizio Veronica vede soltanto un volto maltrattato e segnato dal dolore. Ma l'atto d'amore imprime nel suo cuore la vera immagine di Gesù: nel Volto umano, pieno

sicht. Aber der Akt der Liebe prägt ihrem Herzen das wahre Bild Jesu ein: Im »Haupt voll Blut und Wunden« sieht sie das Gesicht Gottes und seiner Güte, die uns in die tiefsten Schmerzen nachgeht. Nur mit dem Herzen können wir Jesus sehen. Nur die Liebe ist es, die uns sehend und rein macht. Nur sie läßt uns Gott erkennen, der selbst die Liebe ist.

GEBET

Herr, gib uns die Unruhe des Herzens, die dein Antlitz sucht. Bewahre uns vor der Erblindung des Herzens, das nur noch die Oberfläche der Dinge sieht. Gib uns jene Lauterkeit und Reinheit, die uns hellsichtig macht für deine Gegenwart in der Welt. Gib uns den Mut zur demütigen Güte, wo wir der großen Dinge nicht fähig sind. Präge dein Antlitz in unsere Herzen ein, damit wir dir begegnen und dein Bild der Welt zu zeigen vermögen.

✠

Alle:

Pater noster, qui es in cælis:
sanctificetur nomen tuum;
adveniat regnum tuum;
fiat voluntas tua, sicut in cælo, et in terra.
Panem nostrum cotidianum da nobis hodie;
et dimitte nobis debita nostra,
sicut et nos dimittimus debitoribus nostris;
et ne nos inducas in tentationem;
sed libera nos a malo.

Pro peccatis suæ gentis
vidit Iesum in tormentis
et flagellis subditum.

di sangue e di ferite, ella vede il Volto di Dio e della sua bontà, che ci segue anche nel più profondo dolore. Soltanto con il cuore possiamo vedere Gesù. Soltanto l'amore ci rende capaci di vedere e ci rende puri. Soltanto l'amore ci fa riconoscere Dio che è l'amore stesso.

PREGHIERA

Signore, donaci l'inquietudine del cuore che cerca il tuo volto. Proteggici dall'ottenebramento del cuore che vede solo la superficie delle cose. Donaci quella schiettezza e purezza che ci rendono capaci di vedere la tua presenza nel mondo. Quando non siamo capaci di compiere grandi cose, donaci il coraggio di un'umile bontà. Imprimi il tuo volto nei nostri cuori, così che possiamo incontrarti e mostrare al mondo la tua immagine.

✠

Tutti:

Pater noster, qui es in cælis:
sanctificetur nomen tuum;
adveniat regnum tuum;
fiat voluntas tua, sicut in cælo, et in terra.
Panem nostrum cotidianum da nobis hodie;
et dimitte nobis debita nostra,
sicut et nos dimittimus debitoribus nostris;
et ne nos inducas in tentationem;
sed libera nos a malo.

Pro peccatis suæ gentis
vidit Iesum in tormentis
et flagellis subditum.

SETTIMA STAZIONE

Gesù cade per la seconda volta

SIEBTE STATION

Jesus fällt zum zweiten Male unter dem Kreuz

℣. Adoramus te, Christe, et benedicimus tibi.

℟. Quia per sanctam crucem tuam redemisti mundum.

Aus dem Buch der Klagelieder. 3, 1-2.9.16

Ich bin der Mann, der Leid erlebt hat durch die Rute seines Grimms. Er hat mich getrieben und gedrängt in Finsternis, nicht ins Licht. Mit Quadern hat er mir den Weg verriegelt, meine Pfade irregeleitet. Meine Zähne ließ er auf Kiesel beißen, er drückte mich in den Staub.

BETRACHTUNG

In der Überlieferung vom dreimaligen Fall Jesu und der Last des Kreuzes werden uns die Dimensionen von Adams Fall — von unserem menschlichen Gefallensein — und das Geheimnis von Jesu Absteigen in unsern Fall ausgelegt. Der Fall des Menschen nimmt in der Geschichte immer neue Formen an. Der heilige Johannes spricht in seinem ersten Brief von einem dreifachen Fall des Menschen: von der Begierde des Fleisches, von der Begierde der Augen und vom Prahlen mit dem Besitz. Er deutet so auf dem Hintergrund der Laster seiner Zeit mit ihren Exzessen und Perversionen den Sturz des Menschen und der Menschheit. Aber wir können auch an die spätere Geschichte denken — daran, wie die Christenheit des Glaubens müde den Herrn verläßt: in den großen Ideologien wie in der Banalisierung des Menschen, die keine Ideologie mehr braucht, sondern sich einfach gehen läßt, ein neues, schlimmeres Heidentum baut, Gott endgültig abschieben will und damit dabei ist, den Menschen abzuschaffen. Der Mensch liegt im Staube. Der Herr trägt diese Last und fällt und fällt, um zu uns zu kommen; er schaut uns an, damit das Herz in uns wieder erwacht; er fällt, um uns aufzuheben.

℣. Adoramus te, Christe, et benedicimus tibi.

℟. Quia per sanctam crucem tuam redemisti mundum.

Dal libro della Lamentazioni. 3, 1-2.9.16

Io sono l'uomo che ha provato la miseria sotto la sferza della sua ira. Egli mi ha guidato, mi ha fatto camminare nelle tenebre e non nella luce. Ha sbarrato le mie vie con blocchi di pietra, ha ostruito i miei sentieri.
Mi ha spezzato con la sabbia i denti, mi ha steso nella polvere.

MEDITAZIONE

La tradizione della triplice caduta di Gesù e del peso della croce richiama la caduta di Adamo — il nostro essere umani caduti — e il mistero della partecipazione di Gesù alla nostra caduta. Nella storia, la caduta dell'uomo assume forme sempre nuove. Nella sua prima lettera, san Giovanni parla di una triplice caduta dell'uomo: la concupiscenza della carne, la concupiscenza degli occhi e la superbia della vita. È così che egli, sullo sfondo dei vizi del suo tempo, con tutti i suoi eccessi e perversioni, interpreta la caduta dell'uomo e dell'umanità. Ma possiamo pensare, nella storia più recente, anche a come la cristianità, stancatasi della fede, abbia abbandonato il Signore: le grandi ideologie, come la banalizzazione dell'uomo che non crede più a nulla e si lascia semplicemente andare, hanno costruito un nuovo paganesimo, un paganesimo peggiore, che volendo accantonare definitivamente Dio, è finito per sbarazzarsi dell'uomo. L'uomo giace così nella polvere. Il Signore porta questo peso e cade e cade, per poter venire a noi; egli ci guarda perché in noi il cuore si risvegli; cade per rialzarci.

GEBET

Herr Jesus Christus, du hast unsere Last getragen und trägst uns immerfort. Unsere Last drückt dich zu Boden. Richte du uns wieder auf, da wir nicht aus Eigenem vom Staub aufzustehen vermögen. Löse den Bann der Begierden. Gib uns statt des Herzens von Stein wieder ein Herz von Fleisch, ein sehendes Herz. Brich die Macht der Ideologien, daß die Menschen ihr lügnerisches Gewebe durchschauen. Laß die Mauer des Materialismus nicht unübersteiglich werden. Laß uns dich wieder wahrnehmen. Mache uns nüchtern und wachsam, um den Mächten des Bösen zu widerstehen, und hilf uns, die innere und die äußere Not des anderen zu erkennen, ihm beizustehen. Richte uns auf, damit wir andere aufrichten können. Gib uns Hoffnung in aller Dunkelheit, damit wir Hoffnungsträger werden für die Welt.

✠

Alle:

Pater noster, qui es in cælis:
sanctificetur nomen tuum;
adveniat regnum tuum;
fiat voluntas tua, sicut in cælo, et in terra.
Panem nostrum cotidianum da nobis hodie;
et dimitte nobis debita nostra,
sicut et nos dimittimus debitoribus nostris;
et ne nos inducas in tentationem;
sed libera nos a malo.

Quis non posset contristari,
piam matrem contemplari
dolentem cum Filio?

PREGHIERA

Signore Gesù Cristo, hai portato il nostro peso e continui a portarci. È il nostro peso a farti cadere. Ma sii tu a rialzarci, perché da soli non riusciamo ad alzarci dalla polvere. Liberaci dal potere della concupiscenza. Al posto di un cuore di pietra donaci di nuovo un cuore di carne, un cuore capace di vedere. Distruggi il potere delle ideologie, cosicché gli uomini possano riconoscere che sono intessute di menzogne. Non permettere che il muro del materialismo diventi insuperabile. Fa' che ti percepiamo di nuovo. Rendici sobri e attenti per poter resistere alle forze del male e aiutaci a riconoscere i bisogni interiori ed esteriori degli altri, a sostenerli. Rialzaci, così che possiamo rialzare gli altri. Donaci speranza in mezzo a tutta questa oscurità, perché possiamo diventare portatori di speranza per il mondo.

✠

Tutti:

Pater noster, qui es in cælis:
sanctificetur nomen tuum;
adveniat regnum tuum;
fiat voluntas tua, sicut in cælo, et in terra.
Panem nostrum cotidianum da nobis hodie;
et dimitte nobis debita nostra,
sicut et nos dimittimus debitoribus nostris;
et ne nos inducas in tentationem;
sed libera nos a malo.

Quis non posset contristari,
piam matrem contemplari
dolentem cum Filio?

OTTAVA STAZIONE

Gesù incontra le donne di Gerusalemme che piangono su di lui

ACHTE STATION

Jesus begegnet den weinenden Frauen von Jerusalem

℣. Adoramus te, Christe, et benedicimus tibi.

℟. Quia per sanctam crucem tuam redemisti mundum.

Aus dem heiligen Evangelium nach Lukas. 23, 28-31

Jesus wandte sich zu ihnen um und sagte: Ihr Frauen von Jerusalem, weint nicht über mich; weint über euch und eure Kinder! Denn es kommen Tage, da wird man sagen: Wohl den Frauen, die unfruchtbar sind, die nicht geboren und nicht gestillt haben. Dann wird man zu den Bergen sagen: Fallt auf uns!, und zu den Hügeln: Deckt uns zu! Denn wenn das mit dem grünen Holz geschieht, was wird dann erst mit dem dürren werden?

BETRACHTUNG

Es macht uns nachdenklich, wie streng Jesus zu den weinenden Frauen spricht, die doch ihn begleiten und um ihn klagen. Wie sollen wir das verstehen? Spüren wir darin nicht den Tadel gegen eine bloß sentimentale Frömmigkeit, die nicht zu Umkehr und gelebtem Glauben wird? Es reicht nicht, mit Worten und Gefühlen über die Leiden dieser Welt zu klagen, während unser Leben doch weitergeht, wie es immer war. Deswegen macht uns der Herr auf die Gefahr aufmerksam, in der wir selber leben. Er zeigt uns den Ernst der Sünde und den Ernst des Gerichts. Sind wir nicht allzu sehr versucht, bei allen Worten der Empörung über das Böse und über das Leid der Unschuldigen das Geheimnis des Bösen zu verharmlosen? Lassen wir vom Bild Gottes und Jesu nicht am Ende doch nur das Sanfte und Liebe stehen, und haben wir nicht das Gericht im stillen gestrichen? Gott kann doch unsere Schwachheit nicht so tragisch nehmen, denken wir; wir sind ja nur Menschen. Aber am Leiden des Sohnes sehen wir, welchen Ernst die Sünde hat, wie sie ausgelitten werden muß, um überwunden zu werden. Vor der Gestalt des leidenden Herrn endet die Banalisierung

℣. Adoramus te, Christe, et benedicimus tibi.

℟. Quia per sanctam crucem tuam redemisti mundum.

Dal Vangelo secondo Luca. 23, 28-31

Gesù, voltandosi verso le donne, disse: «Figlie di Gerusalemme, non piangete su di me, ma piangete su voi stesse e sui vostri figli. Ecco, verranno giorni nei quali si dirà: Beate le sterili e i grembi che non hanno generato e le mammelle che non hanno allattato. Allora cominceranno a dire ai monti: Cadete su di noi! e ai colli: Copriteci! Perché se trattano così il legno verde, che avverrà del legno secco?».

MEDITAZIONE

Sentire Gesù, mentre rimprovera le donne di Gerusalemme che lo seguono e piangono su di lui, ci fa riflettere. Come intenderlo? Non è forse un rimprovero rivolto ad una pietà puramente sentimentale, che non diventa conversione e fede vissuta? Non serve compiangere a parole, e sentimentalmente, le sofferenze di questo mondo, mentre la nostra vita continua come sempre. Per questo il Signore ci avverte del pericolo in cui noi stessi siamo. Ci mostra la serietà del peccato e la serietà del giudizio. Non siamo forse, nonostante tutte le nostre parole di sgomento di fronte al male e alle sofferenze degli innocenti, troppo inclini a banalizzare il mistero del male? Dell'immagine di Dio e di Gesù, alla fine, non ammettiamo forse soltanto l'aspetto dolce e amorevole, mentre abbiamo tranquillamente cancellato l'aspetto del giudizio? Come potrà Dio fare un dramma della nostra debolezza? — pensiamo. Siamo pur sempre solo degli uomini! Ma guardando alle sofferenze del Figlio vediamo tutta la serietà del peccato, vediamo come debba essere espiato fino alla fine per poter essere superato. Il male non può continuare a essere banalizzato di fronte all'immagine del

des Bösen. Auch zu uns sagt er: Weint nicht über mich, weit über euch... Denn wenn das am grünen Holz geschieht, was wird dann erst mit dem dürren werden?

GEBET

Herr, du hast zu den weinenden Frauen von der Buße gesprochen, von den Tagen des Gerichts, in denen wir vor deinem Antlitz, dem Antlitz des Weltenrichters stehen werden. Du rufst uns heraus aus der Verharmlosung des Bösen, mit der wir uns selbst beschwichtigen, um ruhig so weiterleben zu können. Du zeigst uns den Ernst unserer Verantwortung, die Gefahr, im Gericht schuldig und fruchtlos gefunden zu werden. Hilf uns, daß wir nicht bloß klagend oder mit Reden neben dir hergehen. Bekehre uns und gib uns neues Leben; laß uns nicht am Ende als dürres Holz dastehen, sondern lebendige Zweige an dir, dem wahren Weinstock, werden und Frucht tragen für das ewige Leben (vgl. *Joh* 15, 1-10).

✠

Alle:

Pater noster, qui es in cælis:
sanctificetur nomen tuum;
adveniat regnum tuum;
fiat voluntas tua, sicut in cælo, et in terra.
Panem nostrum cotidianum da nobis hodie;
et dimitte nobis debita nostra,
sicut et nos dimittimus debitoribus nostris;
et ne nos inducas in tentationem;
sed libera nos a malo.

Tui Nati vulnerati,
tam dignati pro me pati
pœnas mecum divide.

Signore che soffre. Anche a noi egli dice: Non piangete su di me, piangete su voi stessi... perché se trattano così il legno verde, che avverrà del legno secco?

PREGHIERA

Signore, alle donne che piangono hai parlato di penitenza, del giorno del Giudizio, quando ci troveremo al cospetto del tuo volto, il volto del Giudice del mondo. Ci chiami a uscire dalla banalizzazione del male con cui ci tranquillizziamo, così da poter continuare la nostra vita di sempre. Ci mostri la serietà della nostra responsabilità, il pericolo di essere trovati, nel Giudizio, colpevoli e infecondi. Fa' che non ci limitiamo a camminare accanto a te, offrendo soltanto parole di compassione. Convertici e donaci una nuova vita; non permettere che, alla fine, rimaniamo lì come un legno secco, ma fa' che diventiamo tralci viventi in te, la vera vite, e che portiamo frutto per la vita eterna (cfr. *Gv* 15, 1-10).

✠

Tutti:

Pater noster, qui es in cælis:
sanctificetur nomen tuum;
adveniat regnum tuum;
fiat voluntas tua, sicut in cælo, et in terra.
Panem nostrum cotidianum da nobis hodie;
et dimitte nobis debita nostra,
sicut et nos dimittimus debitoribus nostris;
et ne nos inducas in tentationem;
sed libera nos a malo.

Tui Nati vulnerati,
tam dignati pro me pati
pœnas mecum divide.

NONA STAZIONE

Gesù cade per la terza volta

NEUNTE STATION

Jesus fällt zum dritten Male unter dem Kreuz

℣. Adoramus te, Christe, et benedicimus tibi.

℟. Quia per sanctam crucem tuam redemisti mundum.

Aus dem Buch der Klagelieder. 3, 27-32

Gut ist es für den Mann, ein Joch zu tragen in der Jugend. Er sitze einsam und schweige, wenn der Herr es ihm auflegt. Er beuge in den Staub seinen Mund; vielleicht ist noch Hoffnung. Er biete die Wange dem, der ihn schlägt, und lasse sich sättigen mit Schmach. Denn nicht für immer verwirft der Herr. Hat er betrübt, erbarmt er sich auch wieder nach seiner großen Huld.

BETRACHTUNG

Was kann uns der dritte Fall Jesu unter dem Kreuz sagen? Wir haben an den Sturz des Menschen insgesamt gedacht, an den Abfall so vieler von Christus in einen gottlosen Säkularismus hinein. Müssen wir nicht auch daran denken, wie viel Christus in seiner Kirche selbst erleiden muß? Wie oft wird das heilige Sakrament seiner Gegenwart mißbraucht, in welche Leere und Bosheit des Herzens tritt er da oft hinein? Wie oft feiern wir nur uns selbst und nehmen ihn gar nicht wahr? Wie oft wird sein Wort verdreht und mißbraucht? Wie wenig Glaube ist in so vielen Theorien, wie viel leeres Gerede gibt es? Wie viel Schmutz gibt es in der Kirche und gerade auch unter denen, die im Priestertum ihm ganz zugehören sollten? Wie viel Hochmut und Selbstherrlichkeit? Wie wenig achten wir das Sakrament der Versöhnung, in dem er uns erwartet, um uns von unserem Fall aufzurichten? All das ist in seiner Passion gegenwärtig. Der Verrat der Jünger, der unwürdige Empfang seines Leibes und Blutes, muß doch der tiefste Schmerz des Erlösers sein, der ihn mitten ins Herz trifft. Wir können nur aus tiefster Seele zu ihm rufen: *Kyrie, eleison* — Herr, rette uns (vgl. *Mt* 8, 25).

℣. Adoramus te, Christe, et benedicimus tibi.

℟. Quia per sanctam crucem tuam redemisti mundum.

Dal libro delle Lamentazioni. 3, 27-32

È bene per l'uomo portare il giogo fin dalla giovinezza. Sieda costui solitario e resti in silenzio, poiché egli glielo ha imposto; cacci nella polvere la bocca, forse c'è ancora speranza; porga a chi lo percuote la sua guancia, si sazi di umiliazioni. Poiché il Signore non rigetta mai... Ma, se affligge, avrà anche pietà secondo la sua grande misericordia.

MEDITAZIONE

Che cosa può dirci la terza caduta di Gesù sotto il peso della croce? Forse ci fa pensare alla caduta dell'uomo in generale, all'allontanamento di molti da Cristo, alla deriva verso un secolarismo senza Dio. Ma non dobbiamo pensare anche a quanto Cristo debba soffrire nella sua stessa Chiesa? A quante volte si abusa del santo sacramento della sua presenza, in quale vuoto e cattiveria del cuore spesso egli entra! Quante volte celebriamo soltanto noi stessi senza neanche renderci conto di lui! Quante volte la sua Parola viene distorta e abusata! Quanta poca fede c'è in tante teorie, quante parole vuote! Quanta sporcizia c'è nella Chiesa, e proprio anche tra coloro che, nel sacerdozio, dovrebbero appartenere completamente a lui! Quanta superbia, quanta autosufficienza! Quanto poco rispettiamo il sacramento della riconciliazione, nel quale egli ci aspetta, per rialzarci dalle nostre cadute! Tutto ciò è presente nella sua passione. Il tradimento dei discepoli, la ricezione indegna del suo Corpo e del suo Sangue è certamente il più grande dolore del Redentore, quello che gli trafigge il cuore. Non ci rimane altro che rivolgergli, dal più profondo dell'animo, il grido: *Kyrie, eleison* — Signore, salvaci (cfr. *Mt* 8, 25).

GEBET

Herr, oft erscheint uns deine Kirche wie ein sinkendes Boot, das schon voll Wasser gelaufen und ganz und gar leck ist. Und auf deinem Ackerfeld sehen wir mehr Unkraut als Weizen. Das verschmutzte Gewand und Gesicht deiner Kirche erschüttert uns. Aber wir selber sind es doch, die sie verschmutzen. Wir selber verraten dich immer wieder nach allen großen Worten und Gebärden. Erbarme dich deiner Kirche: Auch mitten in ihr fällt Adam immer wieder. Wir ziehen dich mit unserem Fall zu Boden, und Satan lacht, weil er hofft, daß du von diesem Fall nicht wieder aufstehen kannst, daß du in den Fall deiner Kirche hineingezogen selber als Besiegter am Boden bleibst. Und doch wirst du aufstehen. Du bist aufgestanden — auferstanden und du kannst auch uns wieder aufrichten. Heile und heilige deine Kirche. Heile und heilige uns.

✠

Alle:

Pater noster, qui es in cælis:
sanctificetur nomen tuum;
adveniat regnum tuum;
fiat voluntas tua, sicut in cælo, et in terra.
Panem nostrum cotidianum da nobis hodie;
et dimitte nobis debita nostra,
sicut et nos dimittimus debitoribus nostris;
et ne nos inducas in tentationem;
sed libera nos a malo.

Eia, mater, fons amoris,
me sentire vim doloris
fac, ut tecum lugeam.

PREGHIERA

Signore, spesso la tua Chiesa ci sembra una barca che sta per affondare, una barca che fa acqua da tutte le parti. E anche nel tuo campo di grano vediamo più zizzania che grano. La veste e il volto così sporchi della tua Chiesa ci sgomentano. Ma siamo noi stessi a sporcarli! Siamo noi stessi a tradirti ogni volta, dopo tutte le nostre grandi parole, i nostri grandi gesti. Abbi pietà della tua Chiesa: anche all'interno di essa, Adamo cade sempre di nuovo. Con la nostra caduta ti trasciniamo a terra, e Satana se la ride, perché spera che non riuscirai più a rialzarti da quella caduta; spera che tu, essendo stato trascinato nella caduta della tua Chiesa, rimarrai per terra sconfitto. Tu, però, ti rialzerai. Ti sei rialzato, sei risorto e puoi rialzare anche noi. Salva e santifica la tua Chiesa. Salva e santifica tutti noi.

✠

Tutti:

Pater noster, qui es in cælis:
sanctificetur nomen tuum;
adveniat regnum tuum;
fiat voluntas tua, sicut in cælo, et in terra.
Panem nostrum cotidianum da nobis hodie;
et dimitte nobis debita nostra,
sicut et nos dimittimus debitoribus nostris;
et ne nos inducas in tentationem;
sed libera nos a malo.

Eia, mater, fons amoris,
me sentire vim doloris
fac, ut tecum lugeam.

DECIMA STAZIONE

Gesù è spogliato delle vesti

ZEHNTE STATION

Jesus wird seiner Kleider beraubt

℣. Adoramus te, Christe, et benedicimus tibi.

℟. Quia per sanctam crucem tuam redemisti mundum.

Aus dem heiligen Evangelium nach Matthäus. 27, 33-36

So kamen sie an den Ort, der Golgota genannt wird, das heißt Schädelhöhe. Und sie gaben ihm Wein zu trinken, der mit Galle vermischt war; als er aber davon gekostet hatte, wollte er ihn nicht trinken. Nachdem sie ihn gekreuzigt hatten, warfen sie das Los und verteilten seine Kleider unter sich. Dann setzten sie sich nieder und bewachten ihn.

BETRACHTUNG

Jesus wird seiner Kleider beraubt. Das Gewand weist dem Menschen seine soziale Stellung zu; es gliedert ihn in die Gesellschaft ein, macht ihn zu jemand. Die öffentliche Entblößung bedeutet, daß Jesus nun nichts mehr ist — ein Ausgestoßener, der Verachtung preisgegeben. Der Augenblick der Entblößung erinnert uns auch an die Ausstoßung aus dem Paradies: Der Glanz Gottes ist von dem Menschen abgefallen, nun findet er sich nackt und ausgesetzt, entblößt und schämt sich. Jesus nimmt die Situation des gefallenen Menschen auf diese Weise noch einmal auf. Der entkleidete Jesus erinnert uns daran, daß wir alle das »erste Gewand«, den Glanz Gottes verloren haben. Unter dem Kreuz würfeln die Soldaten dann um seine armselige Habe, um das Gewand. Die Evangelisten erzählen dies mit Worten aus dem Psalm 22, 19 und sagen uns damit das, was Jesus den Jüngern von Emmaus nach der Auferstehung sagen wird: All dies ist geschehen »gemäß der Schrift«. Nichts ist hier bloßer Zufall, all dieses Geschehen ist eingeborgen im Wort Gottes und getragen von seinem göttlichen Sinn. Der Herr durchschreitet alle Stationen und Stufen des menschlichen Verlorenseins, und jede dieser Stufen ist in aller Bitterkeit ein Schritt der Erlösung: Er führt gerade so das verlorene Schaf wieder heim. Erinnern wir uns auch noch

℣. Adoramus te, Christe, et benedicimus tibi.

℟. Quia per sanctam crucem tuam redemisti mundum.

Dal Vangelo secondo Matteo. 27, 33-36

Giunti a un luogo detto Gòlgota, che significa luogo del cranio, gli diedero da bere vino mescolato con fiele; ma egli, assaggiatolo, non ne volle bere. Dopo averlo quindi crocifisso, si spartirono le sue vesti tirandole a sorte. E sedutisi, gli facevano la guardia.

MEDITAZIONE

Gesù viene spogliato delle sue vesti. Il vestito conferisce all'uomo la sua posizione sociale; gli dà il suo posto nella società, lo fa essere qualcuno. Essere spogliato in pubblico significa che Gesù non è più nessuno, non è nient'altro che un emarginato, disprezzato da tutti. Il momento della spoliazione ci ricorda anche la cacciata dal paradiso: lo splendore di Dio è venuto meno nell'uomo, che ora si trova lì, nudo ed esposto, denudato, e si vergogna. Gesù, in questo modo, assume ancora una volta la situazione dell'uomo caduto. Il Gesù spogliato ci ricorda il fatto che tutti noi abbiamo perso la «prima veste», e cioè lo splendore di Dio. Sotto la croce i soldati tirano a sorte per dividersi i suoi miseri averi, le sue vesti. Gli evangelisti lo raccontano con parole tratte dal Salmo 22, 19 e ci dicono così quel che Gesù dirà ai discepoli di Emmaus: tutto è accaduto «secondo le Scritture». Qui niente è pura coincidenza, tutto quel che accade è racchiuso nella Parola di Dio e sostenuto dal suo divino disegno. Il Signore sperimenta tutti gli stadi e i gradi della perdizione degli uomini, e ognuno di questi gradi è, in tutta la sua amarezza, un passo della redenzione: è proprio così che egli riporta a casa la pecorella smarrita. Ricordiamoci anche che Giovanni dice che l'oggetto del sorteggio era la tunica di Gesù, «tessuta tutta d'un pezzo da cima a fondo»

daran, daß uns Johannes als Gegenstand der Verlosung das Untergewand Jesu nennt, das von oben her durchgewebt und ohne Naht war (19, 23). Wir dürfen darin eine Anspielung auf das Gewand des Hohenpriesters sehen, das »aus einem einzigen Faden genäht« war, ohne Naht (Fl J a III 161). Er, der Gekreuzigte, ist in der Tat der wahre Hohepriester.

GEBET

Herr Jesus, man hat dich deiner Kleider beraubt, dich der Schande preisgegeben und aus der Gesellschaft ausgestoßen. Du trägst die Schande Adams und heilst sie. Du trägst das Leiden und die Not der Armen, die von der Welt ausgestoßen sind. Aber gerade so erfüllst du das Wort der Propheten. Gerade so trägst du Sinn in die scheinbare Sinnlosigkeit. Gerade so läßt du uns erkennen, daß dein Vater dich und uns und die Welt in Händen hält. Schenke uns Ehrfurcht vor dem Menschen in allen Phasen seiner Existenz und in allen Situationen, in denen wir ihn treffen. Schenke uns das Lichtgewand deiner Gnade.

✠

Alle:

Pater noster, qui es in cælis:
sanctificetur nomen tuum;
adveniat regnum tuum;
fiat voluntas tua, sicut in cælo, et in terra.
Panem nostrum cotidianum da nobis hodie;
et dimitte nobis debita nostra,
sicut et nos dimittimus debitoribus nostris;
et ne nos inducas in tentationem;
sed libera nos a malo.

Fac ut ardeat cor meum
in amando Christum Deum,
ut sibi complaceam.

(*Gv* 19, 23). Possiamo considerarlo un accenno alla veste del sommo sacerdote, la quale era « tessuta da un unico filo », senza cuciture (Fl J a III 161). Costui, il Crocifisso, è infatti il vero sommo sacerdote.

PREGHIERA

Signore Gesù, sei stato spogliato delle tue vesti, esposto al disonore, espulso dalla società. Ti sei caricato del disonore di Adamo, sanandolo. Ti sei caricato delle sofferenze e dei bisogni dei poveri, coloro che sono espulsi dal mondo. Ma proprio così compi la parola dei profeti. Proprio così tu dai significato a ciò che appare privo di significato. Proprio così ci fai riconoscere che tuo Padre tiene nelle sue mani te, noi e il mondo. Donaci un profondo rispetto dell'uomo in tutte le fasi della sua esistenza e in tutte le situazioni nelle quali lo incontriamo. Donaci la veste di luce della tua grazia.

✠

Tutti:

Pater noster, qui es in cælis:
sanctificetur nomen tuum;
adveniat regnum tuum;
fiat voluntas tua, sicut in cælo, et in terra.
Panem nostrum cotidianum da nobis hodie;
et dimitte nobis debita nostra,
sicut et nos dimittimus debitoribus nostris;
et ne nos inducas in tentationem;
sed libera nos a malo.

Fac ut ardeat cor meum
in amando Christum Deum,
ut sibi complaceam.

UNDICESIMA STAZIONE

Gesù è inchiodato sulla Croce

ELFTE STATION

Jesus wird ans Kreuz genagelt

I.N.R.I.

℣. Adoramus te, Christe, et benedicimus tibi.

℟. Quia per sanctam crucem tuam redemisti mundum.

Aus dem heiligen Evangelium nach Matthäus. 27, 37-42

Über seinem Kopf hatten sie eine Aufschrift angebracht, die seine Schuld angab: Das ist Jesus, der König der Juden. Zusammen mit ihm wurden zwei Räuber gekreuzigt, der eine rechts von ihm, der andere links. Die Leute, die vorbeikamen, verhöhnten ihn, schüttelten den Kopf und riefen: Du willst den Tempel niederreißen und in drei Tagen wieder aufbauen? Wenn du Gottes Sohn bist, hilf dir selbst, und steig herab vom Kreuz! Auch die Hohenpriester, die Schriftgelehrten und die Ältesten verhöhnten ihn und sagten: Anderen hat er geholfen, sich selbst kann er nicht helfen. Er ist doch der König von Israel! Er soll vom Kreuz herabsteigen, dann werden wir an ihn glauben.

BETRACHTUNG

Jesus wird ans Kreuz genagelt. Das Grabtuch von Turin gibt uns eine Vorstellung von der unerhörten Grausamkeit dieser Prozedur. Den angebotenen Betäubungstrunk trinkt Jesus nicht: Er nimmt den ganzen Schmerz der Kreuzigung bewußt auf sich. Sein ganzer Leib ist zerschlagen; die Worte des Psalms sind wahr geworden: »Ich aber bin ein Wurm und kein Mensch, der Leute Spott, vom Volk verachtet« (*Ps* 22, 7). »Wie einer, vor dem man das Gesicht verhüllt, war er verachtet... Aber er hat unsere Krankheit getragen und unsere Schmerzen auf sich geladen« (*Jes* 53, 3f). Halten wir inne vor diesem Bild des Schmerzes, vor dem leidenden Gottessohn. Schauen wir auf ihn hin in den Stunden der Selbstgerechtigkeit und des Genusses, damit wir lernen, Grenzen einzuhalten, das Vordergründige aller bloß materiellen Güter zu durchschauen. Blicken wir auf ihn hin in den Augenblicken der Not und

℣. Adoramus te, Christe, et benedicimus tibi.

℟. Quia per sanctam crucem tuam redemisti mundum.

Dal Vangelo secondo Matteo. 27, 37-42

Al di sopra del suo capo, posero la motivazione scritta della sua condanna: « Questi è Gesù, il re dei Giudei ». Insieme con lui furono crocifissi due ladroni, uno a destra e uno a sinistra. E quelli che passavano di là lo insultavano scuotendo il capo e dicendo: « Tu che distruggi il tempio e lo ricostruisci in tre giorni, salva te stesso! Se tu sei Figlio di Dio, scendi dalla croce! ». Anche i sommi sacerdoti con gli scribi e gli anziani lo schernivano: « Ha salvato gli altri, non può salvare se stesso. È il re d'Israele, scenda ora dalla croce e gli crederemo ».

MEDITAZIONE

Gesù è inchiodato sulla croce. La sindone di Torino ci permette di avere un'idea dell'incredibile crudeltà di questa procedura. Gesù non beve la bevanda anestetizzante offertagli: coscientemente prende su di sé tutto il dolore della crocifissione. Tutto il suo corpo è martoriato; le parole del Salmo si sono avverate: « Ma io sono verme, non uomo, infamia degli uomini, rifiuto del mio popolo » (*Sal* 22, 7). « Come uno davanti al quale ci si copre la faccia, era disprezzato... Eppure egli si è caricato delle nostre sofferenze, si è addossato i nostri dolori » (*Is* 53, 3s). Fermiamoci davanti a questa immagine di dolore, davanti al Figlio di Dio sofferente. Guardiamo a lui nei momenti della presunzione e del godimento, in modo da imparare a rispettare i limiti e a vedere la superficialità di tutti i beni puramente materiali. Guardiamo a lui nei momenti di calamità ed angustia, per riconoscere che proprio così siamo vicini a Dio.

der Anfechtung, um zu erkennen, daß wir gerade so Gott nahe sind. Versuchen wir, sein Gesicht zu erkennen in denen, die wir verachten möchten. Vor dem angeklagten Herrn, der seine Macht nicht gebrauchen wollte, um vom Kreuz herabzusteigen, sondern die Not des Kreuzes bis zum Ende durchgelitten hat, kann uns noch ein anderer Gedanke aufsteigen. Ignatius von Antiochia, selbst um des Herrn willen in Ketten gelegt, hat die Smyrnäer gelobt wegen ihres unerschütterlichen Glaubens: Sie seien gleichsam mit Fleisch und Blut angenagelt am Kreuz des Herrn Jesus Christus (1, 1). Lassen wir uns annageln an ihn und keiner Versuchung nachgeben, uns loszulösen und dem Spott zu folgen, der uns dies einreden will.

GEBET

Herr Jesus Christus, du hast dich annageln lassen am Kreuz, die fürchterliche Grausamkeit dieses Schmerzes, die Zerstörung deines Leibens und seiner Würde angenommen. Du hast dich festnageln lassen, ohne Flucht und ohne Abstrich gelitten. Hilf uns, daß wir nicht fliehen vor dem, was uns aufgetragen ist. Hilf uns, daß wir uns fest an dich binden lassen. Hilf uns, jene falsche Freiheit zu durchschauen, die uns von dir wegtreiben will. Hilf uns, deine gebundene Freiheit anzunehmen und in der festen Bindung an dich die wahre Freiheit zu finden.

Cerchiamo di riconoscere il suo volto in coloro che tenderemmo a disprezzare. Dinanzi al Signore condannato, che non volle usare il suo potere per scendere dalla croce, ma piuttosto sopportò la sofferenza della croce fino alla fine, può affiorare un altro pensiero ancora. Ignazio di Antiochia, incatenato egli stesso per la sua fede nel Signore, elogiò i cristiani di Smirne per la loro fede incrollabile: dice che erano, per così dire, inchiodati con la carne e il sangue alla croce del Signore Gesù Cristo (1, 1). Lasciamoci inchiodare a lui, non cedendo a nessuna tentazione di staccarci e di cedere alle beffe che vorrebbero indurci a farlo.

PREGHIERA

Signore Gesù Cristo, ti sei fatto inchiodare sulla croce, accettando la terribile crudeltà di questo dolore, la distruzione del tuo corpo e della tua dignità. Ti sei fatto inchiodare, hai sofferto senza fughe e senza compromessi. Aiutaci a non fuggire di fronte a ciò che siamo chiamati ad adempiere. Aiutaci a farci legare strettamente a te. Aiutaci a smascherare quella falsa libertà che ci vuole allontanare da te. Aiutaci ad accettare la tua libertà «legata» e a trovare nello stretto legame con te la vera libertà.

✠

Alle:

Pater noster, qui es in cælis:
sanctificetur nomen tuum;
adveniat regnum tuum;
fiat voluntas tua, sicut in cælo, et in terra.
Panem nostrum cotidianum da nobis hodie;
et dimitte nobis debita nostra,
sicut et nos dimittimus debitoribus nostris;
et ne nos inducas in tentationem;
sed libera nos a malo.

Sancta mater, istud agas,
Crucifixi fige plagas
cordi meo valide.

✠

Tutti:

Pater noster, qui es in cælis:
sanctificetur nomen tuum;
adveniat regnum tuum;
fiat voluntas tua, sicut in cælo, et in terra.
Panem nostrum cotidianum da nobis hodie;
et dimitte nobis debita nostra,
sicut et nos dimittimus debitoribus nostris;
et ne nos inducas in tentationem;
sed libera nos a malo.

Sancta mater, istud agas,
Crucifixi fige plagas
cordi meo valide.

DODICESIMA STAZIONE

Gesù muore sulla Croce

ZWÖLFTE STATION

Jesus stirbt am Kreuz

I.N.R.I.

℣. Adoramus te, Christe, et benedicimus tibi.

℟. Quia per sanctam crucem tuam redemisti mundum.

Aus dem heiligen Evangelium nach Johannes. 19, 19-20

Pilatus ließ auch ein Schild anfertigen und oben am Kreuz befestigen; die Inschrift lautete: Jesus von Nazaret, der König der Juden. Dieses Schild lasen viele Juden, weil der Platz, wo Jesus gekreuzigt wurde, nahe bei der Stadt lag. Die Inschrift war hebräisch, lateinisch und griechisch abgefaßt.

Aus dem heiligen Evangelium nach Matthäus. 27, 45-50.54

Von der sechsten bis zur neunten Stunde herrschte eine Finsternis im ganzen Land. Um die neunte Stunde rief Jesus laut: Eli, Eli, lema sabachtani?, das heißt: Mein Gott, mein Gott, warum hast du mich verlassen? Einige von denen, die dabeistanden und es hörten, sagten: Er ruft nach Elija. Sogleich lief einer von ihnen hin, tauchte einen Schwamm in Essig, steckte ihn auf einen Stock und gab Jesus zu trinken. Die anderen aber sagten: Laß doch, wir wollen sehen, ob Elija kommt und ihm hilft. Jesus aber schrie noch einmal laut auf. Dann hauchte er seinen Geist aus.
Als der Hauptmann und die Männer, die mit ihm zusammen Jesus bewachten, das Erdbeben bemerkten und sahen, was geschah, erschraken sie sehr und sagten. Wahrhaftig, das war Gottes Sohn!

℣. Adoramus te, Christe, et benedicimus tibi.

℟. Quia per sanctam crucem tuam redemisti mundum.

Dal Vangelo secondo Giovanni. 19, 19-20

Pilato compose anche l'iscrizione e la fece porre sulla croce; vi era scritto: «Gesù il Nazareno, il re dei Giudei». Molti Giudei lessero questa iscrizione, perché il luogo dove fu crocifisso Gesù era vicino alla città; era scritta in ebraico, in latino e in greco.

Dal Vangelo secondo Matteo. 27, 45-50.54

Da mezzogiorno fino alle tre del pomeriggio si fece buio su tutta la terra. Verso le tre, Gesù gridò a gran voce: «Elì, Elì, lemà sabactàni?», che significa: «Dio mio, Dio mio, perché mi hai abbandonato?». Udendo questo, alcuni dei presenti dicevano: «Costui chiama Elia». E subito uno di loro corse a prendere una spugna e, imbevutala di aceto, la fissò su una canna e così gli dava da bere. Gli altri dicevano: «Lascia, vediamo se viene Elia a salvarlo!». E Gesù, emesso un alto grido, spirò.
Il centurione e quelli che con lui facevano la guardia a Gesù, sentito il terremoto e visto quel che succedeva, furono presi da grande timore e dicevano: «Davvero costui era Figlio di Dio!».

BETRACHTUNG

Über dem Kreuz Jesu steht in den beiden Weltsprachen von damals — griechisch und latein — und in der Sprache des auserwählten Volkes — hebräisch — wer er ist: der König der Juden, der verheißene Sohn Davids. Pilatus, der ungerechte Richter, ist wider Willen zum Propheten geworden. Vor der Weltöffentlichkeit wird Jesu Königtum proklamiert. Jesus selbst hatte den Titel Messias nicht zugelassen, weil er eine falsche — menschliche — Idee von Macht und von Rettung hervorgerufen hätte. Aber nun darf der Titel öffentlich dastehen — über dem Gekreuzigten. So ist er wirklich König der Welt. Nun ist er wahrhaft »erhöht«. In seinem Abstieg ist er aufgestiegen. Nun hat er radikal den Auftrag der Liebe erfüllt, er hat sich weggegeben von sich selber, und gerade so ist er nun die Erscheinung des wahren Gottes, des Gottes, der die Liebe ist. Nun wissen wir, wer Gott ist. Nun wissen wir, wie wahres Königtum aussieht. Jesus betet den Psalm 22, der mit den Worten beginnt: »Mein Gott, mein Gott, warum hast du mich verlassen...« (*Ps* 22, 2). Er nimmt das ganze leidende Israel in sich auf, die ganze leidende Menschheit, die Not ihres Gottesdunkels und läßt so dort Gott erscheinen, wo er endgültig besiegt und abwesend scheint. Das Kreuz Jesu ist ein kosmisches Ereignis. Die Welt wird dunkel, wo Gottes Sohn dem Tod preisgegeben ist. Die Erde erbebt. Und am Kreuz beginnt die Kirche der Heiden. Der römische Hauptmann erkennt, bekennt Jesus als den Sohn Gottes. Vom Kreuz aus siegt er — immer neu.

GEBET

Herr Jesus Christus, bei deinem Tod hat sich die Sonne verfinstert. Immer wieder wirst du ans Kreuz geschlagen. Gerade in dieser Stunde der Geschichte leben wir im Gottesdunkel. Unter dem Übermaß der Leiden und der Bosheiten der Menschen scheint Gottes Antlitz, dein Antlitz verdunkelt, unerkennbar. Aber gerade am Kreuz hast du dich zu erkennen gegeben.

MEDITAZIONE

Sopra la croce di Gesù — nelle due lingue del mondo di allora, il greco e il latino, e nella lingua del popolo eletto, l'ebraico — c'è scritto chi è: il Re dei Giudei, il Figlio promesso di Davide. Pilato, il giudice ingiusto, è diventato profeta suo malgrado. Davanti all'opinione pubblica mondiale viene proclamata la regalità di Gesù. Gesù stesso non aveva accettato il titolo di Messia, in quanto avrebbe richiamato un'idea sbagliata, umana, di potere e di salvezza. Ma adesso il titolo può stare scritto lì pubblicamente sopra il Crocifisso. Egli così è davvero il re del mondo. Adesso è davvero «innalzato». Nella sua discesa egli è salito. Ora ha radicalmente adempiuto al mandato dell'amore, ha compiuto l'offerta di se stesso, e proprio così egli ora è la manifestazione del vero Dio, di quel Dio che è l'amore. Ora sappiamo chi è Dio. Ora sappiamo com'è la vera regalità. Gesù prega il Salmo 22, che comincia con le parole: «Dio mio, Dio mio, perché mi hai abbandonato?» (*Sal* 22, 2). Assume in sé l'intero Israele sofferente, l'intera umanità sofferente, il dramma dell'oscurità di Dio, e fa sì che Dio si manifesti proprio laddove sembra essere definitivamente sconfitto e assente. La croce di Gesù è un avvenimento cosmico. Il mondo si oscura, quando il Figlio di Dio subisce la morte. La terra trema. E presso la croce ha inizio la Chiesa dei pagani. Il centurione romano riconosce, capisce che Gesù è il Figlio di Dio. Dalla croce egli trionfa, sempre di nuovo.

PREGHIERA

Signore Gesù Cristo, nell'ora della tua morte il sole si oscurò. Sempre di nuovo sei inchiodato sulla croce. Proprio in quest'ora della storia viviamo nell'oscurità di Dio. Per la smisurata sofferenza e la cattiveria degli uomini il volto di Dio, il tuo volto, appare oscurato, irriconoscibile. Ma proprio sulla croce ti sei fatto riconoscere. Proprio in quanto sei colui che soffre

Gerade als der Leidende und Liebende bist du der Erhöhte. Gerade von dort aus hast du gesiegt. Hilf uns, in dieser Stunde des Dunkels und der Verwirrungen dein Gesicht zu erkennen. Hilf uns, dir zu glauben und dir nachzufolgen gerade auch in den Stunden des Dunkels und der Not. Zeige dich neu der Welt in dieser Stunde. Laß uns dein Heil erscheinen.

✠

Alle:

Pater noster, qui es in cælis:
sanctificetur nomen tuum;
adveniat regnum tuum;
fiat voluntas tua, sicut in cælo, et in terra.
Panem nostrum cotidianum da nobis hodie;
et dimitte nobis debita nostra,
sicut et nos dimittimus debitoribus nostris;
et ne nos inducas in tentationem;
sed libera nos a malo.

Vidit suum dulcem Natum
morientem desolatum,
cum emisit spiritum.

e che ama, sei colui che è innalzato. Proprio da lì hai trionfato. Aiutaci a riconoscere, in quest'ora di oscurità e di turbamento, il tuo volto. Aiutaci a credere in te e a seguirti proprio nell'ora dell'oscurità e del bisogno. Mostrati di nuovo al mondo in quest'ora. Fa' che la tua salvezza si manifesti.

✠

Tutti:

Pater noster, qui es in cælis:
sanctificetur nomen tuum;
adveniat regnum tuum;
fiat voluntas tua, sicut in cælo, et in terra.
Panem nostrum cotidianum da nobis hodie;
et dimitte nobis debita nostra,
sicut et nos dimittimus debitoribus nostris;
et ne nos inducas in tentationem;
sed libera nos a malo.

Vidit suum dulcem Natum
morientem desolatum,
cum emisit spiritum.

TREDICESIMA STAZIONE

Gesù è deposto dalla Croce e consegnato alla Madre

DREIZEHNTE STATION

Jesus wird vom Kreuz abgenommen und in den Schoß seiner jungfräulichen Mutter gelegt

℣. Adoramus te, Christe, et benedicimus tibi.

℟. Quia per sanctam crucem tuam redemisti mundum.

Aus dem heiligen Evangelium nach Matthäus. 27, 54-55

Als der Hauptmann und die Männer, die mit ihm zusammen Jesus bewachten, das Erdbeben bemerkten und sahen, was geschah, erschraken sie sehr und sagten. Wahrhaftig, das war Gottes Sohn! Auch viele Frauen waren dort und sahen von weitem zu; sie waren Jesus seit der Zeit in Galiläa nachgefolgt und hatten ihm gedient.

BETRACHTUNG

Jesus ist gestorben, sein Herz wird von der Lanze des römischen Soldaten durchbohrt, und es entströmen ihm Blut und Wasser: geheimnisvolle Darstellung des Stroms der Sakramente, der Taufe und der Eucharistie, aus denen von dem geöffneten Herzen des Herrn her immer neu die Kirche geboren wird. Seine Gebeine werden nicht, wie die der beiden anderen Gekreuzigten, zerbrochen; so erweist er sich als das wahre Osterlamm, an dem kein Gebein zerbrochen werden darf (*Ex* 12, 46). Und nun, da alles durchlitten ist, zeigt sich, daß er trotz aller Verwirrung der Herzen, trotz der Macht von Haß und Feigheit nicht allein geblieben ist. Es gibt die Getreuen. Unter dem Kreuz waren Maria, seine Mutter, ihre Schwester Maria, Maria Magdalena und der Jünger gestanden, den er liebte. Nun kommt auch ein reicher Mann — Josef von Arimathäa: Der Reiche findet durch das Nadelöhr, weil Gott ihm die Gnade dazu schenkt. Er bestattet Jesus in seinem noch unberührten Grab in einem Garten: Der Friedhof wird zum Garten, wo Jesus begraben wird — zum Garten, aus dem Adam vertrieben wurde, als er sich von der Fülle des Lebens, von seinem Schöpfer losgerissen hatte. Das Grab im Garten läßt uns wissen, daß die Herrschaft des Todes zu Ende geht. Und es kommt ein Mitglied des Hohen Rates, Nikodemus, dem Jesus das

℣. Adoramus te, Christe, et benedicimus tibi.

℟. Quia per sanctam crucem tuam redemisti mundum.

Dal Vangelo secondo Matteo. 27, 54-55

Il centurione e quelli che con lui facevano la guardia a Gesù, sentito il terremoto e visto quel che succedeva, furono presi da grande timore e dicevano: «Davvero costui era Figlio di Dio!». C'erano anche là molte donne che stavano a osservare da lontano; esse avevano seguito Gesù dalla Galilea per servirlo.

MEDITAZIONE

Gesù è morto, il suo cuore viene trafitto dalla lancia del soldato romano e ne escono sangue e acqua: misteriosa immagine del fiume dei sacramenti, del Battesimo e dell'Eucaristia, dai quali, in forza del cuore trafitto del Signore, rinasce, sempre di nuovo, la Chiesa. A lui non vengono spezzate le gambe, come agli altri due crocifissi; così egli si manifesta come il vero agnello pasquale, al quale nessun osso deve essere spezzato (cfr. *Es* 12, 46). E ora che tutto è stato sopportato, si vede che egli, nonostante tutto il turbamento dei cuori, nonostante il potere dell'odio e della vigliaccheria, non è rimasto solo. I fedeli ci sono. Sotto la croce c'erano Maria, sua Madre, la sorella di sua Madre, Maria, Maria di Màgdala e il discepolo che egli amava. Ora arriva anche un uomo ricco, Giuseppe d'Arimatèa: il ricco trova come passare per la cruna di un ago, perché Dio gliene dona la grazia. Seppellisce Gesù nella sua tomba ancora intatta, in un giardino: dove viene sepolto Gesù il cimitero si trasforma in giardino, nel giardino dal quale era stato cacciato Adamo quando si era staccato dalla pienezza della vita, dal suo Creatore. Il sepolcro nel giardino ci fa sapere che il dominio della morte sta per finire. E arriva anche un membro del sinedrio, Nicodèmo, al quale Gesù aveva annunciato il mistero della rinascita da acqua e da Spirito. Anche nel sinedrio, che aveva

Geheimnis der Wiedergeburt aus Wasser und heiligem Geist angekündigt hatte. Auch in dem Gremium, das seinen Tod beschlossen hatte, gibt es denjenigen, der glaubt und der Jesus gerade als Gestorbenen neu erkennt und bekennt. Über der Stunde der großen Trauer, der großen Verfinsterung und Hoffnungslosigkeit steht doch geheimnisvoll das Licht der Hoffnung. Der verborgene Gott ist doch der lebendige und der nahe Gott. Der gestorbene Herr bleibt doch der Herr und unser Retter, auch in der Nacht des Todes. Die Kirche Jesu Christi, seine neue Familie, beginnt sich zu formen.

GEBET

Herr, du bist in die Nach des Todes hinuntergestiegen. Aber dein Leichnam wird von gütigen Händen aufgenommen und mit einem reinen Linnen umhüllt (*Mt* 27, 59). Der Glaube ist nicht ganz gestorben, die Sonne nicht völlig untergegangen. Wie oft scheint es, daß du schläfst. Wie leicht können wir Menschen uns abkehren und uns sagen: Gott ist tot. Laß uns in den Stunden des Dunkels erkennen, daß du dennoch da bist. Laß uns nicht allein, wenn wir verzagen wollen. Hilf uns, daß wir dich nicht allein lassen. Gib uns die Treue, die standhält in der Verwirrung und die Liebe, die dich gerade in deiner äußersten Not umfängt, wie die Mutter dich nun noch einmal in ihrem Schoß geborgen hat. Hilf uns, hilf den Armen und den Reichen, den Einfachen und den Gescheiten, durch ihre Ängste und Vorurteile durchzublicken und dir unser Vermögen, unser Herz, unsere Zeit anzubieten und so den Garten zu bereiten, in dem Auferstehung geschehen kann.

deciso la sua morte, c'è qualcuno che crede, che conosce e riconosce Gesù dopo che è morto. Sopra l'ora del grande lutto, del grande ottenebramento e della disperazione, sta misteriosamente la luce della speranza. Il Dio nascosto rimane comunque il Dio vivente e vicino. Il Signore morto rimane comunque il Signore e nostro Salvatore, anche nella notte della morte. La Chiesa di Gesù Cristo, la sua nuova famiglia, comincia a formarsi.

PREGHIERA

Signore, sei disceso nell'oscurità della morte. Ma il tuo corpo viene raccolto da mani buone e avvolto in un candido lenzuolo (*Mt* 27, 59). La fede non è morta del tutto, il sole non è del tutto tramontato. Quante volte sembra che tu stia dormendo. Com'è facile che noi uomini ci allontaniamo e diciamo a noi stessi: Dio è morto. Fa' che nell'ora dell'oscurità riconosciamo che tu comunque sei lì. Non lasciarci da soli quando tendiamo a perderci d'animo. Aiutaci a non lasciarti da solo. Donaci una fedeltà che resista nello smarrimento e un amore che ti accolga nel momento più estremo del tuo bisogno, come la Madre tua, che ti avvolse di nuovo nel suo grembo. Aiutaci, aiuta i poveri e i ricchi, i semplici e i dotti, a vedere attraverso le loro paure e i loro pregiudizi, e a offrirti la nostra capacità, il nostro cuore, il nostro tempo, preparando così il giardino nel quale può avvenire la risurrezione.

✠

Alle:

Pater noster, qui es in cælis:
sanctificetur nomen tuum;
adveniat regnum tuum;
fiat voluntas tua, sicut in cælo, et in terra.
Panem nostrum cotidianum da nobis hodie;
et dimitte nobis debita nostra,
sicut et nos dimittimus debitoribus nostris;
et ne nos inducas in tentationem;
sed libera nos a malo.

Fac me vere tecum flere,
Crucifixo condolere,
donec ego vixero.

✠

Tutti:

Pater noster, qui es in cælis:
sanctificetur nomen tuum;
adveniat regnum tuum;
fiat voluntas tua, sicut in cælo, et in terra.
Panem nostrum cotidianum da nobis hodie;
et dimitte nobis debita nostra,
sicut et nos dimittimus debitoribus nostris;
et ne nos inducas in tentationem;
sed libera nos a malo.

Fac me vere tecum flere,
Crucifixo condolere,
donec ego vixero.

QUATTORDICESIMA STAZIONE

Gesù è deposto nel sepolcro

VIERZEHNTE STATION

Jesus wird ins Grab gelegt

℣. Adoramus te, Christe, et benedicimus tibi.

℟. Quia per sanctam crucem tuam redemisti mundum.

Aus dem heiligen Evangelium nach Matthäus. 27, 59-61

Josef nahm ihn und hüllte ihn in ein reines Leinentuch. Dann legte er ihn in ein neues Grab, das er für sich selbst in einen Felsen hatte hauen lassen. Er wälzte einen großen Stein vor den Eingang des Grabes und ging weg. Auch Maria aus Magdala und die andere Maria waren dort; sie saßen dem Grab gegenüber.

BETRACHTUNG

Jesus, der Geächtete und Geschändete, wird ehrenvoll in ein neues Grab gelegt. Nikodemus bringt hundert Pfund einer Mischung aus Myrrhe und Aloe, die einen kostbaren Geruch ausströmen sollen. Es ist nun wie bei der Salbung in Bethanien — ein Übermaß, das uns an die verschwenderische Liebe, an den »Überfluß« der Liebe Gottes erinnert, die sich in der Hingabe des Sohnes zeigt. Gott verschwendet sich selbst. Wenn Gottes Maß der Überfluß ist, sollte auch uns für Gott nichts zu viel sein. So hat es uns Jesus selbst in der Bergpredigt gelehrt (*Mt* 5, 20). Aber sollten wir dabei nicht auch an das Wort des heiligen Paulus denken, daß Gott »durch uns den Duft der Erkenntnis Christi... verbreitet. Denn wir sind Christi Wohlgeruch...« (*2 Kor* 2, 14f). Im Verwesungsgeruch der Ideologien sollte unser Glaube wieder Duft sein, der auf die Spur des Lebens führt. In der Stunde der Grablegung beginnt sich aber vor allem das Wort Jesu zu erfüllen: »Amen. Amen. Ich sage euch: Wenn das Weizenkorn nicht in die Erde fällt und stirbt, bleibt es allein; wenn es aber stirbt, bringt es reiche Frucht« (*Joh* 12, 24). Jesus ist zum gestorbenen Weizenkorn geworden. Von dem gestorbenen Weizenkorn her beginnt die große Brotvermehrung, die bis zum Ende der Welt anhält: Er ist Brot des Lebens, das im Überfluß für alle Menschheit reicht und ihr

℣. Adoramus te, Christe, et benedicimus tibi.

℟. Quia per sanctam crucem tuam redemisti mundum.

Dal Vangelo secondo Matteo. 27, 59-61

Giuseppe, preso il corpo di Gesù, lo avvolse in un candido lenzuolo e lo depose nella sua tomba nuova, che si era fatta scavare nella roccia; rotolata poi una gran pietra sulla porta del sepolcro, se ne andò. Erano lì, davanti al sepolcro, Maria di Màgdala e l'altra Maria.

MEDITAZIONE

Gesù, disonorato e oltraggiato, viene deposto, con tutti gli onori, in un sepolcro nuovo. Nicodèmo porta una mistura di mirra e di aloe di cento libbre destinata a emanare un prezioso profumo. Ora, nell'offerta del Figlio, si rivela, come già nell'unzione di Betània, una smisuratezza che ci ricorda l'amore generoso di Dio, la « sovrabbondanza » del suo amore. Dio fa generosamente offerta di se stesso. Se la misura di Dio è la sovrabbondanza, anche per noi niente dovrebbe essere troppo per Dio. È quel che Gesù stesso ci ha insegnato nel discorso della montagna (*Mt* 5, 20). Ma bisogna ricordare anche le parole di san Paolo su Dio, che « diffonde per mezzo nostro il profumo della conoscenza di Cristo nel mondo intero. Noi siamo infatti... il profumo di Cristo » (*2 Cor* 2, 14s). Nella putrefazione delle ideologie, la nostra fede dovrebbe essere di nuovo il profumo che riporta sulle tracce della vita. Nel momento della deposizione comincia a realizzarsi la parola di Gesù: «In verità, in verità, vi dico: se il chicco di grano caduto in terra non muore, rimane solo; se invece muore, produce molto frutto » (*Gv* 12, 24). Gesù è il chicco di grano che muore. Dal chicco di grano morto comincia la grande moltiplicazione del pane che dura fino alla fine del mondo: egli è il pane di vita capace di sfamare in misura sovrabbondante l'umanità intera e di

die Nahrung gibt, das, wovon der Mensch in Wahrheit lebt: das ewige Wort Gottes, das Fleisch und so Brot geworden ist für uns durch Kreuz und Auferstehung hindurch. Über dem Begräbnis Jesu leuchtet das Geheimnis der Eucharistie.

GEBET

Herr Jesus Christus, in der Grablegung hast du den Tod des Weizenkorns auf dich genommen, bist du zum gestorbenen Weizenkorn geworden, das Frucht trägt durch alle Zeiten und in die Ewigkeit hinein. Vom Grab her leuchtet über alle Zeit hinaus die Verheißung des Weizenkorns, aus dem das wahre Manna kommt — das Brot des Lebens, in dem du dich uns selber gibst. Das ewige Wort ist durch die Fleischwerdung und den Tod hindurch das nahe Wort geworden: Du legst dich in unsere Hände und in unser Herz, damit dein Wort in uns wachse und Frucht bringe. Du schenkst dich durch den Tod des Weizenkorns hindurch, damit auch wir wagen, unser Leben zu verlieren, um es so zu gewinnen; damit auch wir uns der Verheißung des Weizenkorns anvertrauen. Hilf uns, dein eucharistisches Geheimnis immer mehr zu lieben und zu verehren — wahrhaft von dir, dem Brot des Himmels zu leben. Hilf uns, dein »Wohlgeruch« zu werden, die Spur deines Lebens fühlbar zu machen in dieser Welt. Wie das Weizenkorn aufsteht aus der Erde als Halm und Ähre, so konntest auch du nicht im Grabe bleiben: Das Grab ist leer, weil er — der Vater — dich »nicht der Unterwelt preisgibt und dein Leib die Verwesung so nicht schaut« (*Apg* 2, 31; *Ps* 16, 10 LXX). Nein, du bist nicht verwest. Du bist auferstanden und hast dem verwandelten Fleisch Raum im Herzen Gottes gegeben. Laß uns dieser Hoffnung froh werden und sie freudig in die Welt hineintragen, Zeugen deiner Auferstehung sein.

donarle il nutrimento vitale: il Verbo eterno di Dio, che è diventato carne e anche pane, per noi, attraverso la croce e la risurrezione. Sopra la sepoltura di Gesù risplende il mistero dell'Eucaristia.

PREGHIERA

Signore Gesù Cristo, nella deposizione hai fatto tua la morte del chicco di grano, sei diventato il chicco di grano morto che produce frutto lungo il corso dei tempi, fino all'eternità. Dal sepolcro risplende in ogni tempo la promessa del chicco di grano, dal quale viene la vera manna, il pane di vita nel quale tu offri te stesso a noi. La Parola eterna, attraverso l'incarnazione e la morte, è diventata la Parola vicina: ti metti nelle nostre mani e nei nostri cuori affinché la tua Parola cresca in noi e produca frutto. Tu doni te stesso attraverso la morte del chicco di grano, affinché anche noi abbiamo il coraggio di perdere la nostra vita per trovarla; affinché anche noi ci fidiamo della promessa del chicco di grano. Aiutaci ad amare sempre più il tuo mistero eucaristico e a venerarlo — a vivere veramente di te, Pane del cielo. Aiutaci a diventare il tuo «profumo», a rendere percepibili le tracce della tua vita, in questo mondo. Come il chicco di grano si rialza dalla terra come stelo e spiga, così anche tu non potevi rimanere nel sepolcro: il sepolcro è vuoto perché lui — il Padre — non ti «abbandonò negli inferi, né la tua carne vide corruzione» (*At* 2, 31, *Sal* 16, 10 LXX). No, tu non hai visto la corruzione. Sei risorto e hai dato spazio alla carne trasformata nel cuore di Dio. Fa' che possiamo rallegrarci di questa speranza e possiamo portarla gioiosamente nel mondo, fa' che diventiamo testimoni della tua risurrezione.

✠

Alle:

Pater noster, qui es in cælis:
sanctificetur nomen tuum;
adveniat regnum tuum;
fiat voluntas tua, sicut in cælo, et in terra.
Panem nostrum cotidianum da nobis hodie;
et dimitte nobis debita nostra,
sicut et nos dimittimus debitoribus nostris;
et ne nos inducas in tentationem;
sed libera nos a malo.

Quando corpus morietur,
fac ut animæ donetur
paradisi gloria. Amen.

✠

Tutti:

Pater noster, qui es in cælis:
sanctificetur nomen tuum;
adveniat regnum tuum;
fiat voluntas tua, sicut in cælo, et in terra.
Panem nostrum cotidianum da nobis hodie;
et dimitte nobis debita nostra,
sicut et nos dimittimus debitoribus nostris;
et ne nos inducas in tentationem;
sed libera nos a malo.

Quando corpus morietur,
fac ut animæ donetur
paradisi gloria. Amen.

BENEDIZIONE

℣. Dominus vobiscum.

℟. Et cum spiritu tuo.

℣. Sit nomen Domini benedictum.

℟. Ex hoc nunc et usque in sæculum.

℣. Adiutorium nostrum in nomine Domini.

℟. Qui fecit cælum et terram.

℣. Benedicat vos omnipotens Deus,
Pater, et Filius, et ✠ Spiritus Sanctus.

℟. Amen.